河出文庫

学校では教えてくれない お金の話

金子哲雄

河出書房新社

はじめに――キミの一生、いくら必要？

親戚の家で食事をしたときのことです。

その家には中学生の女の子がいるのですが、食事の準備も後片づけも何も手伝わないので、ちょっと説教をしてやりました。

「手伝いをしないと、料理も後片づけも身につかないよ。将来困るのはキミだよ」

「困らないも～ん。だって私、家政婦さんのいるお金持ちと結婚するから」

幼稚園児ならともかく、なんという浅はかな考えでしょうか。普通のサラリーマンの家庭の娘が、そんなお金持ちの家の息子と出会い、結婚に至る確率がどのくらいあるか、わかっているのでしょうか？　その現実を把握する能力のなさと金銭感覚の欠《けつ》如《じょ》に、あきれてモノもいえませんでした。金銭感覚とは、先を見通す力。これから先の人生を生きていくために、どれくらいのお金が必要かを把握しておく能力です。

僕は中学生のとき、自分の一生にいったい、どのくらいのお金が必要なのかを計算しました。

まず、高校・大学への進学費用。入学金と授業料に、予備校や家庭教師の費用も加もの教育費、住宅ローンを払い終わって老後の費用、葬式の費用。
えました。そして大学卒業後、家を借りる費用、結婚する費用、家を買う費用、子

そして、それらの数字をながめながら、こう思ったのです。
「社会人になるということは、この費用を負担することなんだ。生きていくために必要な経費を稼ぐ能力を、大学卒業までに身につけなければならないんだ」

14歳の僕が思い描いた「僕の一生」と、14歳のキミが思い描く「キミの一生」は違うはず。キミの一生にはいったいいくらのお金が必要なのか、ぜひ計算してみてください。それがキミの金銭感覚を磨《みが》くことになります。

ただ、キミが思い描いた10年後、20年後と、実際の10年後、20年後では、世の中の状況が変わっているかもしれません。

たとえば、僕が14歳のころには、パソコンなんて一般家庭にはありませんでした。それが現代では、一人に1台パソコンがあって当たり前。世の中全体がコンピュータによってコントロールされ、基本的なパソコン操作ができなければ、就職すら難しい時代になっています。

また、社会的、経済的な交流は、国や地域の境界を超えて地球規模に広がり、企業活動にさまざまな変化をもたらしています。その顕著《けんちょ》な例は、社内公用語を英語にす

る企業が登場したこと。英語ができなければ、その企業では働けないのです。

このように、その時代、その時代で世の中は変化し、その変化に応じて、求められる能力が違ってくるのです。

きちんとした金銭感覚を身につけて、世の中がどんなに変化しても、強く生き抜いていってほしい。

そんな願いをこめながら、キミたちに知っておいてもらいたい「お金」の話をしていきましょう。

学校では教えてくれないお金の話　目次

第3章 これぞ金子流！「買い物」の達人養成講座

第4章 お金がなくてもゴージャスに暮らせる

第5章 教育にも「コスパ」がある

第6章 世の中でいちばんもうかる仕事は？

装丁・本文デザイン　トンプウ

学校では教えてくれないお金の話

第1章 お金って何なの?

衝撃のCDプレーヤー値下がり事件

世の中にCDプレーヤーが登場したのは、僕が中学生のときでした。14歳のキミたちは知らないでしょうが、それまではみんなカセットレコーダーという機械で音楽を楽しんでいたのです。

アキバ系を自認する僕は、音楽というよりも家電が大好きで、CDプレーヤーがほしくてほしくてたまりませんでした。でも、それはものすごく高価で、クラスでも一部の金持ちの子しか持っていない高級品。僕のおこづかいでは、とても手が出ませんでした。

「秋葉原のあの店で、あのCDプレーヤーがほしい！」

その気持ちは変わることがなく、憧れのCDプレーヤーを買うため、高校に入るとすぐに、僕はアルバイトを始めました。

なんとその夢は、ある日、突然かないました。アルバイトの時給が上がって、思ったよりも早く目標金額に達したわけではありません。CDプレーヤーが突然、値下がりしたのです。

「アルバイトをしてお金を貯めるスピードよりも、CDプレーヤーが普及して値段が下がるスピードのほうが速かったのか……」

高校1年生の僕は、CDプレーヤーの値下がりから、「新商品が出たばかりのときは高い。でも、それが世の中に普及すれば、値段は下がる」ということを学びました。

お金の価値は変わる

CDプレーヤー値下がり事件は、「累計生産台数が増えれば、モノの値段は下がる」ということを教えてくれました。同じ金額を支払って、同じモノが買えるときもあれば、買えないときもあるのですから、「お金の価値は、常に一定というわけではない」ということになります。

累計生産台数だけではありません。世の中は常に変化し続けています。その変化によって、モノの値段は上がったり下がったりします。つまり、お金の価値も、常に変化しているのです。

たとえば、今、僕が使っている携帯電話は1万円で買ったのですが、同じモデルが半年後には5000円になっていました。同じ1万円で、2個買えるようになったのですから、お金の価値が上がったといいかえることができますよね。

逆に、1万円で買ったモノが、数ヵ月後に1万2000円になったとしたらどうでしょう？　より高いお金を支払わなければ、同じモノが買えないのですから、お金の価値は下がったことになります。

このように、お金の価値が下がることを「インフレ」、お金の価値が上がることを「デフレ」といいます。

インフレは「インフレーション」の略で、日本語では価格騰貴《とうき》といいます。典型的なインフレは、モノやサービスに対する需要が増加し、供給が足りなくなったときに、物価が上がるという現象です。簡単にいってしまえば、モノが不足したときに物価は上がります。デフレはその逆で、モノが余っているために物価が下がる現象です。ちなみに、現在の日本は長いデフレから抜け出せずにいます。

インフレがいいの？　デフレがいいの？

必要以上に世の中にお金が出回ったときにも、インフレは起こります。逆に、世の中に出回っているお金が少ない場合は、デフレが起こります。

●需要と供給のバランスで価格は変わる

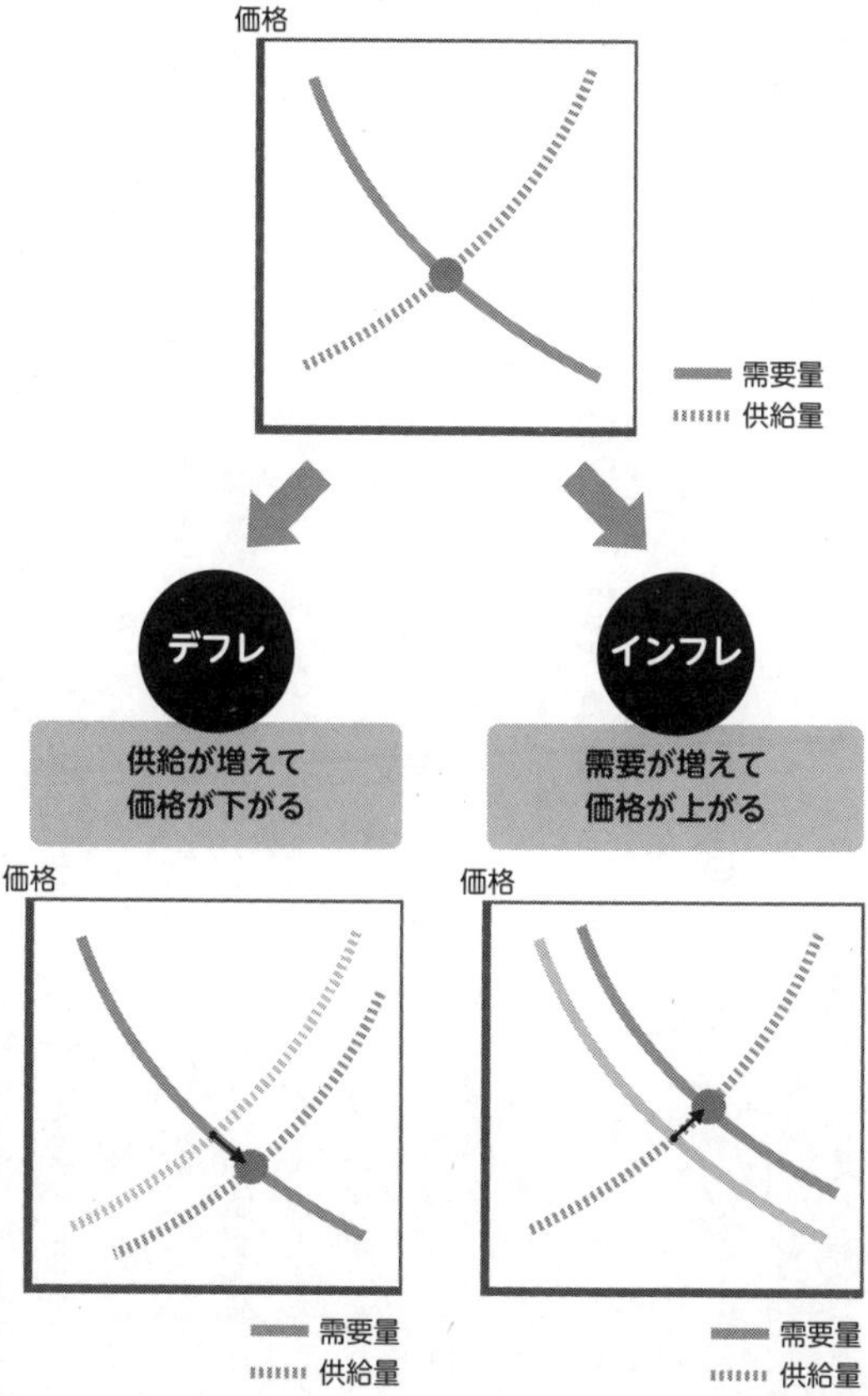

日本の「お金」＝「貨幣《かへい》」は、日本銀行（日銀）がつくっています。世の中がインフレになる（お金が必要以上に出回る）のは、日銀がお金をつくりすぎてしまうからです。では、どんなときに日銀はそんなことをするのでしょうか？

国は、さまざまな事業を行う資金を集めるために、「国債《こくさい》」という債券《さいけん》（お金の代わりの券）を発行し、投資家に借金をしています。インフレでお金の価値が下がれば、金額は同じでも実質的に借金が減ることになり、結果的に国が助かるからです。

キミにとっても、インフレのほうがお得に感じられるでしょう。インフレになればお父さんの給料が上がり、自動的におこづかいも上がるはずですから。ただし、同じお金で買えるモノは少なくなる。それがインフレというものなのです。

そもそも、「お金」って何？

いきなり僕の体験談から、インフレ、デフレという難しい話をしましたが、そもそも「お金」とは、何なのでしょうか？

お金とは、世の中の取り決めに基づいた、価値を交換するための道具です。つまり、「お金を持ってくれれば、同じ価値のモノと交換しますよ」という取り決めが、世の中にはあるのです。

お金ができる以前は、物々交換の世の中でした。たとえば、自分は魚をたくさん持っている。あの人は野菜をたくさん持っている。「じゃあ交換しよう」というふうに、モノとモノを交換していたのです。

自分は相手の野菜がほしい、相手も自分の魚をほしがっているというときには、物々交換は成立します。しかし、いつもそうとは限りません。相手が「肉がほしい」といったら、自分が持っている魚では、相手の野菜とは交換してもらえないのです。それでも野菜が必要なときは、魚と野菜を交換してくれる人を探し続けなければならない。あるいは、魚と肉を交換してくれる人を探し出し、入手した肉と野菜を交換してもらうしかありません。

冷蔵庫のない時代に、そんなことをしていたら魚は腐《くさ》ってしまいますよね。このような不都合を解消するために「お金」＝「貨幣」が登場しました。そして、その瞬間から、お金を払えば同じ価値のモノと交換できるという取り決めが、世の中にできたのです。

ちょっとだけ勉強――お金の歴史――

最初の「お金」＝「貨幣」は、貝や石、骨などでした。財、貯、貨など、お金に関係する漢字に「貝」が入っているのは、昔、中国で貝が貨幣として使われていた名残りです。

しかし、貝や石などには、誰もが認める共通の価値がありませんよね。このため、誰にとっても価値のある米や布、家畜などが貨幣として使われるようになりました。これを物品貨幣《ぶっぴんかへい》といいます。

ところが、物品貨幣は持ち運びに不便。そこで、誰もが価値を認める金、銀、銅でつくられた秤量貨幣《ひょうりょうかへい》（金・銀・銅など金属の重さによって価値が決まる貨幣）が誕生します。

貨幣の誕生以前、人々は生きていくために、ほとんど自給自足の生活を送っていました。しかし、貨幣が誕生したことで、漁業だけをする人、農業だけをする人、洋服だけをつくる人などの分業が可能になりました。このため、各分野の技術が発達し、社会全体の生産性が高まり、物質的に豊かな世の中になっていったのです。

さて、秤量とは「重さを量る」という意味です。つまり、秤量貨幣は、金、銀、銅の重さを量って、それと同じ価値のモノと交換できるお金でした。つまり、価値の高いモノを買うためには、大量の金、銀、銅が必要になるのです。

そこで、次に登場したのが鋳造《ちゅうぞう》貨幣（素材を溶かした状態で型に流し込み、形をつくる加工法でつくられた貨幣、硬貨）と紙幣です。このふたつは、鋳造技術や印刷技術の発達だけではなく、政治の安定や情報網の発達により、「国がその価値を保障する」という信用に基づいた貨幣で、現在、キミたちが使っている「お金」そのものです。

貨幣ではない「電子マネー」の登場

さまざまな技術が発達した現代、「電子マネー」と呼ばれるお金も登場しました。

電子マネーとは、硬貨やお札のように実体のある貨幣ではなく、お金の価値をコンピュータ上の数字で表したもの。基本的にカードの形をしていて、プリペイド型とオートチャージ型の2種類あります。

プリペイド型は、先払いでカードを買い、そのカードがお金の役目を果たすもの。

有名なものでいえば、「Ｓｕｉｃａ」や「ＰＡＳＭＯ」などがこれにあたります。

一方、オートチャージを日本語に訳すと「自動入金」。あらかじめ金額を設定しておき、設定金額よりも少なくなったら、自動的にお金が補充されるカードです。

たとえば、「残高が１０００円以下になったら、５０００円をオートチャージする」と設定しておきます。電車に乗ったり、買い物をしたりして、残高が１０００円以下になったら、自動的に５０００円まで入金されるのです。

さて、このお金がどこから補充されているかというと、実はクレジットカード（第3章参照）からなんです。ですから、オートチャージ型のカードで買い物をするというのは、後払いで借金をしているのと同じことになります。

僕は、オートチャージ型の電子マネーを使うことに反対派です。なぜなら、自動的にお金が補充されるので「お金を使っている」という感覚がなくなり、ムダ使いにつながってしまうからです。

お金でお金を売り買いするマネーゲーム

近年、「マネーゲーム」という言葉が、よく使われるようになりました。

一般的にお金をもうける方法は、モノをつくって売るという形です。たとえば、小麦粉と砂糖とアズキを100円で仕入れて、それでつくったおまんじゅうを150円で売って、50円の利益を得るというのが、お金をもうけるということです。

おまんじゅうだけではなく、自動車も洋服も家具も同様です。仕入れに出向き、加工し、買い手を探したり売り場に立ったりと、人は労働することによって、お金をもうけているのです。

しかし、マネーゲームは、労働せずに、「お金を買ったり売ったりすること」でもうけようという方法です。

たとえば、アメリカのドルを売り買いしたとしましょう。1ドル＝90円を1000ドル（90000円）買ったとします。1ヵ月後、1ドル＝100円になりました。すると90000円だったモノが、何もしなくても1万円になるわけです。それを売れば、10000円もうかったことになります（ここでは手数料を省きます）。

そのときの行動といえば、パソコンのマウスをワンクリックするだけ。それだけで、お金を買ったり売ったりできるので、労働をする必要もなく、簡単にお金をもうけることができるのです。

ただし、マネーゲームには、損をするリスクもあります。1ドル＝90円で買ったとしても、売るときは1ドル＝80円になってしまう場合だってあるのです。もし、100ドル買っていたとすれば、1000円損したことになりますよね。

自分では労働せず、お金に働かせているともいえるマネーゲームは、動かす金額が大きければ大きいほど、もうかる金額も、損する金額も大きくなります。

「お金持ち」ってどんな人？

「お金持ち」と聞いて、キミはどんな人を思い浮かべますか？　金庫にたくさんの札束を積み上げ、貯金通帳にゼロがずらりと並び、高級車を何台も持っている人？

一般的には、そういう人をお金持ちと呼ぶのかもしれません。でも、僕は「持っている」だけでは、お金持ちだとは思いません。桁違いの資産であっても、ただ持っているだけでは、お金の亡者にすぎません。

金子流お金持ちの定義は「お金を回せる人」です。

僕にいわせれば、100億円貯金しているだけの人よりも、月給20万円の会社員であっても、砂糖の取り引きを担当し、10億円動かしている人のほうがお金持ちです。

なぜなら、砂糖の取り引きは、さとうきびの栽培から、砂糖工場、流通、販売まで、多くの雇用を生んでいるからです。

　雇用されて賃金をもらった人は、その賃金で食料品や衣服などの生活必需品のほかにも、自動車やテレビを買ったり、旅行に行ったり、映画を見たり、さまざまな場面でお金を使います。

　たとえば、自動車を買えば、販売会社だけではなく、自動車の生産会社、部品をつくる子会社、材料を生産する鉄鋼会社でも雇用が生まれます。旅行に行けば、旅行代理店や交通会社、旅行先のホテル、土産物の販売店でも雇用が生まれます。映画を見れば、映画館、映画の制作会社、撮影現場に食事を届けるお弁当屋さんでも雇用が生まれます。そしてまた、みんなの賃金がさまざまな場面で使われ、お金が回ることになるのです。

　つまり、「お金が回る」とは、みんながお金を使って、経済が活性化するということなのです。

お金が回れば、みんながハッピーになる

お金が回り、経済が活性化すれば、どんないいことがあるのか？　個人も企業も、

多額の税金を納めます。そうすれば国や自治体が豊かになり、みんなのハッピーにつながります。

税金にはさまざまな種類がありますが、簡単にいえば、個人の場合は賃金をもらったりモノを買ったりしたとき、企業であれば利益が出たときに、国や自治体に税金を納めています。その税金は、道路を整備したり、図書館や公園をつくったり、福祉サービスを充実させたりして、国民みんなのために使われるのです。

しかし、100億円貯金があっても、通帳に利息の数字が打ち込まれるだけで、世の中のお金は回らず、新たな雇用も生みません。通帳を見た本人がほくそ笑むだけで、ほかには誰一人としてハッピーになりません。

少し前に紹介したマネーゲームも似たようなものです。一度に動かす金額が大きくても、そこにはほとんど雇用は生まれません。これに対して、モノをつくって売ることはどうでしょう。たとえば個人経営のケーキ屋さんなら、ケーキ職人、販売店員、店長、店舗や機材の修理人など、多くの雇用を生むことになります。

100万円の利益をマネーゲームで得た場合、その利益は独り占め。同じ100万円の利益をケーキ屋さんで得た場合は、一人ひとりの利益は薄くなるものの、多くの雇用者にその利益が分散され、いきわたるのです。

だから僕は、より多くの雇用につながるようなお金の回し方ができる人が、お金持ちだと思うのです。

お金持ちには義務がある

ところで日本では、資産家が質素に暮らすことが美徳のようにいわれることがあります。これはこれで結構なことですが、ただ資産を握り締めて通帳に貯めこむだけの人は、単なるケチ。世界的に見れば、持っている資産に見合ったレベルの生活と社会貢献をしなければ、お金持ちとして認められません。つまり、お金持ちの人は世の中にお金が回るような、お金の使い方をしなければならないのです。

たとえば、日本では家政婦さんを雇《やと》うのは、ほんの一部のお金持ちだけですが、開発途上国のお金持ちはみんな、多くの家政婦を雇っています。さらに、高級車を購入して多額の税金を納めて、運転手も雇っています。

これは彼らが、「金銭的な豊かさを自分だけで享受《きょうじゅ》するのではなく、一人でも多くの人を雇用し、税金を払い、お金を回して経済を活性化させることがお金持ちの義務」だと、知っているからこそできることなのです。

マイクロソフト社の創業者であるビル・ゲイツ氏は、世界中の誰もが認めるお金持ちです。というのも、彼は事業でもうけたお金を自分の通帳に貯めこむわけではなく、世界最大級の慈善団体をつくり、世界中の貧困や病気をなくすため、そして多くの子どもたちが教育を受けられるようにするための活動に取り組んでいるからです。つまり、お金をもうけるだけではなく、世の中に広くお金を回すという、お金持ちの義務を果たしているのです。

景気がよいとか、悪いとか。それって何?

たくさんの人が働くことができ、たくさんの人がお金持ちになるチャンスがある状況のことを「景気がよい」といいます。

単純ないい方をすれば、みんながお金をたくさん使えば景気はよくなります。

では、どうすればみんながお金をたくさん使う世の中になるのでしょうか?

「今日より明日のほうが、きっとよくなる」「現在より未来のほうが、きっとよくなる」という安心感があれば、みんなお金を使います。その安心感は、政治が安定し、国や自治体に豊かな税収があってはじめて生まれるものです。

税金を使って、国や自治体が公共事業に取り組めば、新たな雇用が生まれます。先ほど述べたとおり、雇用が生まれれば、世の中にお金が出回って、個人も企業も納税額が増えます。そしてその税収で国や自治体は、また次の公共事業に取り組むことができる、というよい循環《じゅんかん》を生みます。

このように、新しいモノをつくることで雇用や物資の需要を生み、お金が回っていれば、景気がよいわけです。

「景気が悪い」というのは、その逆。失業者が多く、国は失業給付金《きゅうふきん》を支払うばかりで税収がない。そして物資も必要とされず、世の中のお金が回っていない状況です。

では、景気が悪くなる原因は何か？

「今日より明日のほうが悪くなる。将来、収入が減るかもしれない」という不安です。

収入が減るかもしれないと思ったら、みんな貯金をします。貯金が増えるのは、一見よいと思われがちですが、そのためにコンビニエンスストア（コンビニ）で買い物をしたり、ファミリーレストラン（ファミレス）で食事をしたりする回数を減らさなければなりません。コンビニやファミレスの需要が減ってしまうのです。

需要がなければコンビニ弁当をつくる必要はなく、弁当工場の人が失業します。ファミレスのお客さんが減れば、そこで働く人手も必要なくなり、店員さんも失業してしまいます。すると国は多くの人に失業給付金を払わなければならなくなり、公共事業の予算がなくなって、道路工事で働く人も連鎖的に失業してしまうという悪循環に陥ります。

つまり、私たちがコンビニの弁当を買い控えることで雇用のバランスが崩れ、失業給付金の支払いが増え、国全体の税収が減ってしまうのです。そして、道路工事で働く人が失業するだけではなく、身近なところでは、学校の図書室に入る本の冊数まで減ることになります。

風が吹けば桶屋《おけや》がもうかるという言葉がしっくりくると思います。コンビニ弁当を買わなくなれば道路工事のおじさんが失業する。それが資本主義社会の構造なのです。

「景気がよいか悪いか」は、ゴミの集積所を見ればわかる!

景気がよいか悪いかは、僕のような流通の専門家になれば、ちょっと街を歩けばすぐにわかります。専門家ではないキミたちだって、月曜日の朝、通学路の途中にあるゴミ集積所をチェックすればわかるんです。

週明けに、百貨店に入っているケーキ屋さんの箱や、ショッピングセンターの袋、デパ地下の高級惣菜のパックなどがたくさんゴミに出されていれば、モノがたくさん買われているということ。逆に、出ていなければ、モノが買われていないことになります。個人がモノを買ったり、レストランでお金を払って食事をしたりすることを「個人消費」といいますが、個人消費の量とゴミの量は比例するのです。

先ほど述べたように、個人消費が増えれば、お金が回り、物資の需要や雇用が生まれます。つまり、ゴミの量が多ければ、景気がよいということなのです。逆に、みんなが買い物や外食を控え、個人消費が落ち込めばゴミの量が減る。週明け、ゴミの量が少なければ、景気が悪いということです。

景気がよければディズニーランドが満員御礼になる

また、休日の人出も、景気の判断材料になります。

休日、テーマパークや遊園地、行楽地、イベント会場などに人出が多ければ、景気はよいということです。

「明日、ご飯が食べられるかどうかわからない……」

そんな不安があるとき、テーマパークで遊んだり、ガソリン代を使って行楽地にわざわざ出かけて、名物を買ったり食べたりしますか？

「明日も、今日のような平和が続くだろう。そして、今日よりも、きっといいことがあるだろう」

そんな安心感、気持ちの余裕があってはじめて、遊びに出かけたり、映画を見たり、コンサートに行ったりして、生活必需品以外にもお金を使うことができるのです。

ですから、入場規制されるほどディズニーランドに人が押し寄せた、あるいは海水浴場が人であふれていて、砂浜で昼寝していたおじさんを踏んづけちゃったというときは、景気がよいということがいえるのです。

逆に、休日なのに行楽地のご当地名物B級グルメのお店に行列ができていないようなときは不況。すなわち景気が悪いと判断できます。

恐怖のデフレスパイラル

ここで、景気と物価の関係を説明しておきましょう。

景気が悪くなれば、いろいろなモノが売れなくなります。すると企業は、買いやすくするために、モノの値段を下げます。値段が下がれば、企業の利益が減ります。するとお父さんの給料が減ります。そして、お父さんの給料が減ると、買い物をしなくなる。つまりモノが売れなくなって……、という悪循環に陥ってしまいます。

このような負の連鎖を「デフレスパイラル」といいます。

デフレスパイラルになると、モノが売れず、企業ももうからないのですから、当然、国の税収が減ってしまいます。そして、国が行う公共事業も減り、人々は、「今日より明日のほうが、現在より将来のほうが、きっとよくなる」という夢を持つことができなくなってしまうのです。

また、デフレスパイラルが続くと、個人のお店や、中小企業がつぶれてしまうという大問題が起こります。なぜなら、モノを買いやすくするための値下げ競争において、中小企業は、資金力のある大企業に勝てないからです。

そうなると、さまざまな選択肢や価値観がなくなってしまい、つまらない世の中になってしまいますよね。そのうえ、国民が将来への夢を持つことができないのですから最悪です。

ムダ使いは決してすすめませんが、世の中の景気がよくなる、雇用につながる消費を心がけたいものです。

少子化は不況のシグナル

先日、親類の子どもにおこづかいを1000円あげたら、文句をいわれました。
「おじちゃんは、いっぱい給料をもらってお金持ちなんだから、おこづかいくらいもっとちょうだい！」

バカをいっちゃあいけません。給料が多い人は税金もたくさん納めなければなりません。給料が多い人がお金持ちとは限らないのです。

日本国憲法は、国民に「教育」「勤労」「納税」の3つの義務を定めています。大人になって子どもができた人は、子どもに教育を受けさせ、自分が生きていくため、そして家族を養うために働き、その収入に応じた税金を納める義務を負っているのです。おそらく、それを知らずに、そんなことをいってしまったのでしょう。ひとりの人間が生活をするには、思っている以上にお金がかかるのです。キミたちもそのことを忘れてはいけません。

たとえば、お父さんの月給が30万円だとしましょう。その30万円が全額手元に入ってくることはありません。いわゆる社会保険（健康保険、介護保険、厚生年金保険、雇用保険）料と所得税・住民税が差し引かれます。その残りが「手取り」と呼ばれ、キミの家の銀行口座に振り込まれます。

その手取りから家賃あるいは住宅ローン、車のローン、食費、洋服代、医療費、ガソリン代などの生活費が支払われるのです。そればかりでなく、たまには家族で遊びに出かけたり、テレビや冷蔵庫を買い換えたりするためのお金も貯めておく必要があります。

ここで知っておいてほしいのは、親は「勤労」の義務を果たしながら、一生懸命に家族を守ってくれているということ。キミは親に扶養《ふよう》されている、扶養家族だということです。

キミを扶養するために、どれくらいの経費がかかっているか、一度でも考えたことがありますか？

毎月の食費は1万円くらいだとしましょう。では、毎日、食事をつくったり洗濯したりしてくれるお母さんの手間賃は？　主婦の労働は、月に約25万円相当（年間約304万円）とされています。では、家賃は？　6畳の子ども部屋が与えられているとして、これを東京都の一般的な家賃に換算すれば5万円です。生活するのに最低限必要なこれだけでも、合計31万円になります。

このほかにも、塾代だってかかるでしょう。そしてキミが将来、高校・大学に進学する予定であれば、まとまった入学金も支払わなくてはなりません。ご両親はそのお金を一生懸命積み立てているはずです。義務教育ではないので、進学後は授業料が発生するのです。

というように、子どもを育てるためには莫大《ばくだい》なお金がかかります。しかし、見方を変えれば、子育ては個人消費を増やし、雇用を生み、税収の増加につながる行為でもあるということがいえます。逆に子育てによる個人消費が減れば、税収も減ってしまいますよね。だから、少子化になると国が困る。国が困れば、国民みんなも困るわけです。

自《じ》粛《しゅく》するよりお金を回そう

東日本大震災の直後、一部に「さまざまなことを自粛しよう」という声があがりました。自粛することが、被災地の人々を助けることにつながると思っている人が多いようですが、自粛しても、被災地の復興にはつながりません。

福島第一原子力発電所が津波の被害に遭い、供給電力が不足しているため、関東と東北および、原発停止により電力供給の影響を受ける地域の人は、節電しなくてはなりませんが、自粛と節電は別です。そして、それ以外の地域の人は、節電も自粛も必要ありません。

今回の震災の被害総額は、約16～25兆円といわれています。これを、国の税金でまかなわなければなりません。つまり、被災地を復興するためには自粛するのではなく、被災地以外の人々はできるだけ普段通りの生活をして、お金を使い、1円でも多くの税金を納めたほうがいいのです。

たとえば、コンビニで売られているおにぎりは、最終的に約3000人もの人々の手を通って売り場に並びます。石油を掘る人、石油を運ぶ人、フィルムラップをつくる人、フィルムラップのデザインをする人、お米をつくる人、肥料をつくる人、具の魚をとる人、その船をつくる人、おにぎりをつくる人、おにぎりを運ぶ人、おにぎりを売る人などなど、1個のおにぎりを買うとき、そこには約3000人もの雇用が生まれているということです。

人々がお金を使わずに自粛すれば、消費税が減ってしまいます。さらに、多くの雇用が失われて、国は失業給付金を支払うことになります。私たちが経済活動を止めてしまうことは、世の中にお金が回らなくなり、国の経済のバランスが崩れてしまうことにつながるのです。

では、募金した場合はどうなのでしょうか。募金をするために、コンビニで買い物したり、ファミレスで食べる回数を減らせば同じことです。コンビニやファミレスで働く人たちが働く場所を失い、失業者が増えてしまうのです。

それよりも、震災の被害を受けていない地域の人たちは、これまでと同じように、いやそれ以上にお金を使って経済を活性化させる必要がありますし、また、関西地方や中部地方の大都市では、「第二の首都機能を持つんだ」というくらいの気合いで、日本の経済をリードしていってほしいものです。

学校では教えてくれないお金の話

第2章

世の中のモノの値段はこうして決まる

カンタン！モノの値段が決まるカラクリ

商品には「需要」と「供給」があります。簡単にいってしまえば、需要とはその商品をほしがっている人数、供給はその商品の数量です。

たとえば、「おにぎりを食べたい」と思っている人が10人いるとします。ところが、おにぎりは8個しかない。このような状況のとき、ほとんどの人は100円でおにぎりを買おうと思っていたのに、「120円で買おう」という人が出てきたら、お店の人はその人に売っちゃいますよね。さらに「いや、130円出そう」という人が出てきたら、やはり高く買ってくれる人に売ることになります。

このように、資本主義社会においては、供給が需要よりも少ないとき「高くても買いたい」という人が現れるので、モノの値段は上昇します。売り手はハッピーですが、お金を持っていない消費者にとってはちょっと悲しい状況です。

逆に、おにぎりを食べたい人が10人で、おにぎりが12個ある場合はどうでしょうか？　お店の人は売り残したくないと考えて、「2個買ってくれるなら180円でもいいよ」と値引きします。それでも売れ残ってしまいそうな場合、「4個で320円にしてよ」といわれたら、「しょうがないな」という流れになるかもしれません。

つまり、供給が需要より多いときは、モノの値段は下がります。これは消費者がハッピーで、売り手がちょっと悲しい状況です。

このように、モノが余っていれば値段は下がり、モノが足りなければ値段は上がるわけです。ニュースでよく「ガソリン価格が上がった」「下がった」と騒がれますよね？　ガソリンだって、おにぎりとまったく同じ。買いたい人がたくさんいるのに、供給できるガソリンの量が少ない場合は価格が上がります。逆に、買いたい人が少ないのに、ガソリンが余っている状況になれば、価格は下がります。

では、適正な価格とは？　買いたい人とモノの数が同数、つまり需要と供給のバランスが一致したときの価格で、専門用語では、そのまま「適正価格」といいます。

ここでは、おにぎりの「値段」と、ガソリンの「価格」について説明しました。カンタンでしたよね？

さて、ここで息抜きに問題です。「値段」と「価格」という言葉に、違いはあるでしょうか？　正解は、なし。つまり、両者は同じ意味。どちらもモノを売買するときの金額のことです。

テレビとロケット、値段の決まり方に違いはあるの？

結論からいってしまえば、テレビもロケットも、値段の決まり方は同じです。単純計算ではありますが、どちらの値段も、「開発コスト」＋「部品代」＋「人件費」＋「企業のもうけ」で構成されています。

ここでポイントとなるのは、まず「開発コスト」。開発コストとは、その商品を開発するためにかかった費用です。同じテレビをたくさんつくればつくるほど、1個あたりの開発コストは下がります。

たとえば、新型のテレビを開発するために100万円かかったとしましょう。そのテレビを100台つくれば、1台あたりの開発コストは1万円ですが、1000台つくれば、1台あたり1000円になります。

部品も同様です。1台のテレビをつくるのに10個の部品が必要だったとします。部品1個の型代に10万円の費用がかかったとすると、全部で100万円。その型で1台のテレビしかつくらなければ、部品代は1台につき100万円かかったことになりますが、100台つくれば1万円ですんだことになります。

このように、同じモノであれば、生産台数が多ければ多いほど、1台あたりの生産コストは下がっていきます。これを「コスト低減効果」といいます。

発売直後の新型テレビが高いのは、まだ生産台数が少ないからなんです。しかし、同じモデルのテレビをつくり続ければ、コスト低減効果によってだんだん安くなっていくわけです。

さて、それではなぜ、ロケットのほうがテレビよりも高いのか?

もう、わかりますよね。ロケットはみんなが使うモノではなく、一家に1台必要ない特別なモノだからです。

新型ロケットを開発したとして、製造するのは1機だけ。このため、開発コストの全額がその1機にのしかかります。部品の型も人件費も、そのロケット1機だけのものです。つまり、ロケットは大量生産されるものではなく、すべてが特注品、オーダーメイドだから値段が高いのです。

ロケットだけではなく、大量生産しないモノの値段は、基本的に高くなってしまいます。だから京都の仏像や、人間国宝の方が焼いた壺《つぼ》は高いのです。これがモノの値段が決まる裏側にあるカラクリです。

「原価」を意識したこと、ある？

僕が小学生になったばかりのころ、自分の街にもファミレスが登場しました。大きなガラス窓。広々とした店内。カレーにハンバーグにスパゲティ！　さらに、ミニスカートで料理を運んでくれるお姉さん！　行きたくないはずがありません。

「ねぇ、カレーが食べたいよぉ。ファミレスに行こうよぉ」

どんなに甘えた声でねだっても、いつも母親に鼻であしらわれました。

「なにをバカなこといってんの。家でつくれば半額以下っ！　しかも、おかわりし放題なんだよ！」

たとえば、家族4人分のチキンカレーを家でつくった場合、材料費は1350円程度（2011年6月現在）です。しかし、同じようなカレーをファミレスで食べれば、一人前800円ぐらいするので、合計3200円も支払うことになります。

この1850円の差額が、サービスのコスト。材料費に、お店の家賃、メニュー開発費、冷暖房費、調理代、皿洗いや料理を運ぶ手間賃などが加わって、最終的に3200円になってしまうのです。

材料費の1350円は、専門用語でいう「原価（商品をつくったり、サービスを提供するためにかかったもともとの費用）」です。

僕がはじめて原価を意識したのは、小学6年生の修学旅行のときでした。神社で友人たちとおみくじを引いたのですが、そのうちの一人が、一度読んだおみくじを元に戻して、お金を払わなかったのです。

「おい、それって万引きじゃないの？」

「返したんだから、万引きじゃないよ」

「でもキミは、おみくじに書いてあったことを読んだじゃないか。情報料はどうするんだよ」

「情報料って何だよ？　マンガを立ち読みしても、元に戻せば万引きにはならないぞ。おみくじの値段は紙と印刷代だろう？」

僕は、この事件をきっかけに、価格とは何に対するものなのか、あらゆる商品やサービスの原価と価格の関係、価格構造が気になるようになったのです。

たとえば、キミがいつも無意識に買っているペットボトル飲料、水もウーロン茶もオレンジジュースも、なぜ、一律150円で売られているのか気になったことはありませんか？

水よりもウーロン茶のほうが原価は高いはず。さらにオレンジジュースは、原材料のほかに搾《しぼ》る手間もかかっています。常識的に考えれば、水よりもジュースのほうが高くて当然なのに、自動販売機やコンビニでは、どれも150円で販売されています。

このような一律価格を、専門用語で「慣習価格」といいます。

容器代や流通コストを省けば、水の原価なんてほとんどタダ。ウーロン茶は15円くらい、ジュースは30円くらいでしょうか。平均すれば15円。メーカーは、この原価の平均をベースに、ペットボトル代、物流コストなどを加味して一律150円という価格を決定しているのです。

「コスパ」がよければ大満足！

さて、カレーの話に戻ります。

駅前のA店のカレーは800円です。味のレベルも量も同じで、店舗の雰囲気も同じですが、ちょっと駅から歩いて、人通りの少ない路地を一本入ったところにあるB店のカレーは600円です。同じモノが食べられるのなら、安いほうがお得ですよね。このお得感を「コストパフォーマンスがよい」と表現します。コストパフォーマンスとは、支払った金額に対して得られる効果のことで、よく「コスパ」と略して使われます。

さて、A店とB店の200円の差は、B店のほうが立地が不便なために（家賃が安いことや、同じ値段だと客足が伸びないこともあるでしょう）発生した差額です。

しかし、安いとはいえ、人件費もかかっています。

ここでちょっと考えてみてください。お母さんがカレーをつくったとき、家族に手間賃を請求しますか？　僕はカレーをつくっても、ハンバーグをつくっても、家族に手間賃を請求することはありませんし、皿洗いだって無料でやります。そして僕の奥さんは、台所からテーブルまで、無料でカレーを運んでくれます。

そう考えれば、僕は600円のカレーも、決してコスパがいいとは思いません。このように、人の価値観はそれぞれです。だから、自分の価値基準と照らし合わせたときに納得できる価格かどうか、支払った金額に対して、満足できる効果を得られているかどうかを考えることが大切になってきます。

ドリンクバー、何杯飲めばモトがとれる？

さて、ファミレスの話が出たので、キミたちがよく利用している「ドリンクバー」のことをお話ししましょう。200～300円で飲み放題なので、「安いな。得したな」と思っていることでしょう。でも、本当に得をしているのでしょうか？　実際、どれくらい飲めば、モトがとれるか、知っていますか？

ドリンクバーの原価は、1杯5～8円くらいです。つまり、200円で飲み放題だとしても、25杯以上飲まなければ、モトはとれないのです。

しかも、ファミレスとドリンク会社は、多くの場合、「たくさん消費すれば消費するほど、仕入れ値を下げる」という契約を結んでいます。キミたちが、ドリンクバーで飲めば飲むほど、ファミレスの利益が上がる仕組みになっているのです。加えて、ドリンクバーはセルフサービスなので人件費もかかりません。

ところで、ドリンクバーには、蛇口《じゃぐち》が2つあることに気づいていましたか？　コーラもウーロン茶もジュース類も、蛇口が2つあり、それぞれから原液と水が出てきますよね。つまり、飲み放題のドリンクの8割は水。氷をたくさん入れれば、9割以上が水なのです。

つまり、ドリンクバーは、「色つきの水」を自分でついで飲むというシステム。それでも、お客さんは「飲み放題でお得」だと思ってしまうのです。

ドリンクバーだけではなく、お店はあの手この手でもうけようとしています。それが悪いことだといっているのではありません。資本主義社会では、もうけようとするのが当たり前ですから。ただ、お店の策略に乗せられるのではなく、コスパを考えて、賢《かしこ》い消費者になることが大事だといいたいのです。

ハンバーガーショップがセットメニューを売る理由

キミたちが大好きなハンバーガーショップの値段について、耳よりな情報をお伝えしておきましょう。

ハンバーガーショップの中心となっているメニューは、ハンバーガー、ポテト、ドリンクですよね。お店は、この中の、どの商品でもうけているのでしょうか？　ハンバーガーショップというくらいだから、ハンバーガーだと思ったキミ、残念でした。ハンバーガーよりも、ポテトやドリンクでもうけているのです。

ハンバーガーが売れても、お店はたいしてもうけていません。これに対して、ポテトやドリンク、とくにドリンクが売れれば、お店はもうかります。だから、「セットメニューはお得」だと思ったら、大間違い。「セット」にして、ポテトやドリンクを売ることで得をしているのは、お客さんではなく、お店なのです。

もうひとつ、お店側が行っているドリンクを売るための営業努力を紹介しておきましょう。

ドリンクが売れていないとき、お店側は、ポテトなどのサイドメニューをお客さんにオススメします。サイドメニューでのどが渇《かわ》けば、ドリンクが飲みたくなりますよね。

ハンバーガーショップで、お姉さんが「ごいっしょにポテトはいかがですか?」と微笑むのは、ドリンクを売るためでもあるのです。

中古ゲームソフトをまとめ買いすると、安くなるのはなぜ？

新作ゲームソフトは、決して値引きなんてしませんよね。人気シリーズのタイトルともなれば、発売当日の朝、いや、前日の夜から徹夜組が登場するのも、めずらしいことではありません。並ばなければ、手に入らない。徹夜してまで、そのゲームをほしい人がいる。つまり、供給より需要が多いため、高い価格でも売れるのです。

そのような人気ソフトの販売は「おひとり様1本限り」と限定され、まとめ買いは不可能。仮にまとめ買いできたとしても、値引きはありえません。

さて、徹夜して買ったゲームも、クリアして飽きてしまえばもう不要。中古ショップ行きとなります。そして、説明するまでもありませんが、「定価で買うほどじゃないけど、中古の値段なら買いたい」「定価では手が出なかったけど、中古なら買える」という人たちに買われていきます。

中古ショップをよく利用する人は知っていると思いますが、中古ソフトをまとめ買いすると、値引きになるケースがあります。なぜでしょうか？

答えは「商品の値段には、そのショップで働いている人の人件費が含まれているから」です。

同じ人が、同じショップで1個買ったときと、2個買ったときのレジの人の手間は同じですよね。ということは、一度に2個買えば、1個ずつのソフトにかかる人件費は半分になります。3個買えば、3分の1です。

このように、まとめて買う本数が増えれば増えるほど、1個のソフトにかかるレジの人の人件費が低くなっていきます。だから、中古ショップでは、1本4000円のソフトが2本で6000円などと大幅に値引きされるのです。

郊外の大型スーパーマーケットで、トイレットペーパーをまとめ買いすると値引きされるのも、同じ理屈。同じ人が何個買っても、レジの人の手間は同じだからです。

原宿・青山の美容院は高くても人気

サービス業の料金は、基本的には「家賃」+「設備費」+「人件費」です。

では、美容院の場合、髪をカットする、パーマをかける、カラーリングするという作業は同じなのに、なぜ、お店によって料金が違うのでしょう?

それは、有名女優さんやモデルさんの髪をカットしているお店と、僕のようなおじさんの髪をカットしているお店では、美容師さんの技術も、お客さんの気分も違うからです。

たとえば、モデルさんは容姿が命。髪形も含めて、人々に「かっこいい」と思ってもらえなければ、仕事が来ません。このため、料金が高くても、高い技術を持った美容師さんのいるお店を選びます。そして、有名女優さんやモデルさんたちが行くのは、トレンドスポットといわれる原宿や青山にある美容院。そのエリアは家賃が高いため、さらに料金が高くなるのです。

さて、「あのモデルさんが利用しているお店だ」となると、「きっと技術がすぐれているのだろう」と、プラスのイメージを抱きますよね？　つまり、女優さんやモデルさんといった、容姿を売り物にしている人が利用しているお店だというブランド力が、高い料金でもお客さんを呼ぶことになります。

しかし、そういったブランド力がないお店が、料金だけ高くしても、お客さんは来ません。普通の料金でやっていくしかないのです。

お店によってピザの値段が違うワケ

料理店で提供される料理の値段は、基本的に「材料費」＋「家賃」＋「シェフやスタッフの人件費」＋「お店のもうけ」で構成されています。

では、同じピザでも、お店によって料金が違うのはなぜでしょうか？

まず、材料費に注目してみましょう。スーパーマーケットで3パック1000円の生ハムとイタリア直輸入の生ハムとでは、当然値段が違うことはわかりますよね？ チーズも同様です。トマトだって、契約農家の有機栽培モノは値が張ります。このように材料費は、意外に大きく料理の値段にかかわってくるのです。

そして家賃。銀座や六本木など、「食通《しょくつう》」と呼ばれる人たちが集まるようなところは、お店の家賃が高いので、その分、料理の値段に上乗せされます。地域によらず、駅や繁華街《はんかがい》に近くて便利な場所は家賃が高く、駅や繁華街から離れた人通りの少ない場所は家賃が安いことも頭に入れておきましょう。

さて、人件費の中でも料理の値段に差が出るのは、シェフの人件費です。「ナントカ王国の宮廷料理人を務めた」「コンテストで優勝した」など、話題性があれば、値段が高くても、そのシェフを目当てに多くのお客さんが集まります。つまり、シェフがそのお店のブランドになっているわけです。

シェフを目指す若者たちが、フランスやイタリアの有名レストランへ料理修業に行くのは、自分自身をブランド化するためでもあるのです。

このように、銀座にあるイタリアン・レストランで、イタリアで修業したシェフのいるお店のピザは、価格構造のさまざまな要素が高くなるので、トータルでかなり高い値段になってしまうのです。

これに対して、チェーン店で大量生産されている冷凍ピザは、高級生ハムを使っていても格安。ドリンクもセルフサービスなので、ウェイターやウェイトレスの人件費もかかりません。冷凍ピザをチンするのにシェフの腕も必要ありませんよね。だから、それなりにいい材料を使っていても安いのです。

スポーツ選手の「値段」はどう決まる?

プロ野球選手の契約金や、プロサッカー選手の移籍金の金額を聞いて、びっくりしたこと、ありますよね?

スポーツ選手の値段は、その選手にどれくらいの観客動員力があるか、そして、どれくらいの「広告宣伝効果」があるかで決まります。プロなのですから、技術はうまくて当たり前。プロの技術に加えて、どれだけ人気があるかが、その選手の値段を決めるのです。

その選手がチームに入ることで、観客動員数が増えれば、入場料やキャラクターグッズ、ユニフォームのレプリカなどの売り上げがアップします。そして、テレビ中継の視聴率が上がれば、その番組のCM料もアップします。このため、たとえ選手に億単位の契約金や移籍金を支払っても、チームはすぐにそのお金を回収できるのです。

日本人メジャーリーガーが高額の契約金をもらえるのは、日本が経済的に豊かな国だから。日本人がメジャーリーグのテレビ中継を見れば、広告宣伝効果が高いという計算があるからです。このため、松坂大輔《まつざかだいすけ》選手VS松井秀喜《まついひでき》選手の試合で、松井選手が立ったバッターボックスの後ろには、日本語の広告が出ることもあります。

あの広告のターゲットは、スタジアムに足を運んだお客さんではなく、ズバリ、日本の視聴者。だから、アメリカのスタジアムから、アメリカのテレビ局が中継する試合なのに、「任天堂《にんてんどう》」という文字が浮かび上がることもあるのです。

広告宣伝効果を考えると、同じスポーツでも「水泳はあまりおいしくない」と、僕は思います。なぜならば、野球やサッカーのスタジアムと比べてプールは狭く、宣伝スペースがほとんどないからです。また、ユニフォームも着ないので、背中に企業名を入れることもできませんよね。つまり、スポンサーがつきにくいので、もうけにくいのです。

高視聴率タレントはギャラも高い

タレントもスポーツ選手と同じで、その人が番組に出ることで、どれだけ視聴率がアップするか、どれだけ広告宣伝効果があるかで、値段が決まります。

その人が視聴者をひきつけることができると判断すれば、番組のスポンサーは出演料をはずみます。なぜなら、番組の合間のコマーシャルを見た人に、企業の名前や商品名を覚えてもらえる。そして自社製品の購入につながるからです。

バラエティ番組の場合、出演しているタレントのギャラ（出演料）は一律ではありませんし、実はあってないようなものです。人気タレントの場合、高視聴率が期待されるので、出演料は高くなります。しかし、あまり視聴率が期待できないタレントは、出演時間が同じでも、つまり労働時間が同じであっても、出演料は安くなります。

また、大学教授や僕のようなジャーナリストなど、いわゆる文化人は、視聴率に関係なく出演料はだいたい決まっています。ですから、視聴率のとれる文化人を出演させれば、番組的にはコストパフォーマンス（46ページ参照）がよいということになります。

せっかくなのでもうひとつ、バラエティ番組の出演料の裏話をしましょう。最近よくバラエティ番組に、超大物俳優や女優さんが出演することがありますよね？　あの場合は、彼らが、ドラマに出演するときのような高額の出演料は発生していません。あれは自分が出ているドラマの宣伝のために出演しているわけで、バラエティ番組の出演料はほとんどありません。彼らのギャラは、ドラマの出演料に含まれているようなものです。だから、出演料の安い若手芸人と大物女優の共演が実現し、それがきっかけで結婚しちゃうカップルが誕生するなんてこともありえるんです。

キミの大好きな人気アイドルがCMに起用されるワケ

新しいジュースが発売されました。キミはそのジュースを買いますか？　買いませんか？

消費者がある商品を購入するときは、「ＡＩＤＭＡ（アイドマ）の法則」に従っているといわれています。ＡＩＤＭＡは、次の言葉を略したものです。

◎Attention（アテンション＝注意）
◎Interest（インタレスト＝興味・関心）
◎Desire（デザイア＝欲求）
◎Memory（メモリー＝記憶）
◎Action（アクション＝行動）

消費者がその商品を買うための第一歩は、それまで知らなかったその商品を知ること（Attention）。次に、その商品に興味・関心を持ち（Interest）、ほしいという欲求が生まれ（Desire）、記憶する（Memory）。そして最後に、買うという行動を起こします（Action）。

つまり、最初のAttentionがなければ、その商品を買うことはないわけです。

新発売のジュースなのだから、味がわかりませんよね。それでも買ってもらうためには、まず、消費者の注意と興味を引いて、「きっとおいしいに違いない」と思ってもらう必要があります。

人気アイドルがテレビCMに起用されるポイントはここにあります。まだ味を知らない消費者の注意と興味を引きつけ、「おいしいに違いない」と思ってもらうためには、僕が微笑んでもダメ！　AKB48のメンバーが「おいしいよ」とニッコリ笑うからこそ、おいしそうに思えるのです。

「まだ飲んだことはないけど、笑顔のすてきなAKB48のメンバーがおいしいっていうんだから、きっとおいしいに違いない」

このように、その人のある一部がよければ、きっとこれもよいだろうと連想させる効果を「ハロー効果」といいます。人気の度合いが高ければ高いほど、ハロー効果で「おいしいに違いない。買ってみよう」と思う人も増えます。だから、人気アイドルが数多くのCMに起用されるのです。

そして、キミがCMを見てほしくなって買った商品には、アイドルのCM出演料が含まれていることをお忘れなく。

モトをとらずして塾へ行くべからず

塾代というのは、手間を買っていると考えましょう。

志望校を決めて受験勉強に取り組むとき、絶対に出ない範囲の勉強をしてもムダですよね。キミたちは塾や予備校で、そのムダを省くために、受験の専門家が分析した、合格までの最短距離のノウハウを買っているわけです。

合格者の多い塾は、分析と教え方が的確だったということで、よい評判がたちます。このため「この塾に行きたい」という人が続々と増えていきます。結果として、この塾の需要が増えたことになり、それにしたがって塾代も高くなります。逆に合格者が少なかった塾は、需要が減るので、塾代も安くなり、経営が苦しくなって倒産……なんてこともあるのです。もちろん、知識が増える、さまざまなタイプの問題の解き方が身につくという意味では、あらゆる勉強はムダではありません。だから、最短距離のノウハウよりも、自分で受験勉強に取り組みたいという人は、塾に行く必要はありません。そのぶん、塾代が浮いて、家計は助かりますから。

しかし、「東大に行きたい。でも、今の成績じゃムリだから塾に行く」という人は、塾代を支払わなければなりません。東大受験に強い塾は、行きたがっている人が多い。つまり、需要が多いため、塾代が高くなっています。さらに、同じ塾に通うライバルに差をつけるために家庭教師をつけるとなると、その費用もかかります。

親ががんばって、高い塾代と家庭教師の費用を支払ってくれて、キミがめでたく東大に合格したとしましょう。さあ、ここからがポイント！ その後の人生で、キミはその費用のモトがとれるのでしょうか。

大学合格なんてゴールじゃない

第4章で説明しますが、能力に差がなければ、賃金の安い国の人たちがライバルという時代になりました。その人たちがマネできないような、特殊な能力を身につけなければ、塾代や家庭教師代のモトがとれなくなっているのです。

人生をトータルで考えて、モトがとれると思ったら、塾代や家庭教師代を支払ってもいい、というのが僕の考え方です。東大合格はゴールじゃありません。

東大を例にしましたが、モトがとれるかどうかは、あらゆる進路選択に共通します。英語を勉強するのであれば、単に筆記試験レベルで点数がいいというのではダメ。

ハリウッド映画を字幕なしで楽しめる、翻訳で食べていける力をつけるくらいの気持ちで取り組むこと。翻訳家になって、英語の塾代よりもたくさん稼いではじめて、その塾代は「活《い》きたお金」になるのです。

「時間」も値段の一部です

お昼休みに、お弁当を買おうと思ってコンビニに行ったのに、まだ配達されていなかったら、どうしますか？　別の店に行って買いますよね？

コンビニでお弁当が一番売れるのは昼の12～1時です。だから、コンビニ弁当は、道路が混雑していようが、途中の道で事故が起こっていようが、絶対に12時にはショーケースに並んでいなければなりません。たとえ、できたてのおいしいお弁当であっても、1時半に店に届いたのでは意味がないのです。

あるコンビニでは、お弁当を絶対に昼の12時に店頭に陳列《ちんれつ》させるため、横浜と豊洲《とよす》の2ヵ所からトラックを出して、六本木の店舗にお弁当を運んでいます。

こうすれば、どこかで交通事故があったとしても、必ず1台のトラックは時間内に目的地に着く。そして12時までにお弁当を店頭に並ばせることができます。1台が先に着いたら、もう1台は近くの地域で配達が遅れそうな店舗や、お弁当が売れて品薄になっている店舗などの援軍にまわる。コンビニではこのようなシステムが、できあがっているのです。

コンビニ弁当が、大手お弁当チェーンよりも少し値段が高く設定されている理由はここにあります。コンビニは、お昼に必ずお弁当が届いているという時間保障をするぶん、流通コストとして値段を高めに設定しているのです。

このように、商品の値段には「時間」も含まれる場合があります。逆に、売れる時間帯に売れ残った商品は価値が落ちてしまうので、タイムセールなどで値段を下げて売られます。

さて、キミは学校に遅刻したときに、自転車がパンクしたとか、道に迷ったおばあちゃんを保護して警察に連れていったとか、いろいろないいわけしたことはありませんか？

しかし、コンビニの人たちはいいわけができません。どんな理由があっても、お弁当がなければ、買いに来た人はよその店に行ってしまいます。だから、社会の一員として「時間厳守」は鉄則！　お弁当と同様に、時間を守れない人は、自分の価値を下げてしまっているということもお忘れなく。

学校では教えてくれないお金の話

第3章

これぞ金子流！「買い物」の達人養成講座

毎日「閉店セール」。これってどういうこと？

街を歩いていると、たまに見かける「閉店セール」の看板。キミは「閉店セール」という言葉から、どんなことをイメージしますか？

「在庫を売りつくしてしまうために、底値《そこね》で売っているに違いない。もしかしたら、仕入れ値よりも安くなるかも！　だって、在庫をかかえたまま閉店するよりも、お店の人は少しでも商品を売って、現金がほしいだろうから」

こんなふうに思ったことはないでしょうか？

多くの消費者は、「閉店セール」＝「在庫一掃《いっそう》」＝「底値」と勝手に想像します。と同時に、「損したくない」という気持ちが強く働きはじめます。

「この商品が底値で買えるなんて、ひょっとしたら二度とないかも。ここで買い逃したら、損だ！」

そんな気持ちの流れから、「閉店セール」というチラシや看板を見た多くの人々が、ついつい必要のないモノまで買ってしまうのです。

このように、閉店セールとは、消費者の「損したくない」という気持ちを上手に利用した売り手の作戦なのです。そして、本当に底値かどうかはわからないものの、お店はこの売り方で在庫を一掃できるので、めでたしめでたし、となります。

また、日本人は「限定品」という言葉にも弱いといわれています。「限定品」＝「品数が少ない」＝「今を逃したら、もう買えなくなる」という気持ちが生じてしまい、閉店セールと同様に、ついつい不要なモノまで買ってしまうのです。

さて、「もうすぐ店舗を閉じて営業しなくなる。だから残った品物を安く売る」というのが本来の閉店セールですが、東京のアメ横や大阪の心斎橋《しんさいばし》には、閉店セールの看板を、毎日のように出しているお店があります。ところが、これらのお店はいっこうに閉店しません。なぜでしょう？　実は、これは言葉のトリック。「今日の夜7時に閉店する＝営業時間が終わる」という意味の閉店セールなのです。

アメ横や心斎橋は、観光客が多く訪れる場所です。はじめてやってきた観光客は、閉店セールという看板に誘われて、得した気分でどっさりと買い込んで帰ります。しかし、「去年から毎日、ずーっと閉店セール」だと知っている近所の人は、その看板には振り向きもしません。もしもキミたちが修学旅行で「閉店セール」という看板を見たら、要注意ですよ。

スナック菓子を買うならドラッグストア

キミはスナック菓子をどこで買っていますか？　コンビニでばかり買っている人は、買い物のセンスなし！　確かにコンビニは売れ筋商品をそろえていますが、ほとんど定価販売なのです。スーパーマーケットはそれなりに値引きしていますが、それでもまだまだ。スナック菓子を買うのなら、ドラッグストアがおすすめです。

ひと昔前までのドラッグストアで販売されていたのは、薬のほか、シャンプーや洗剤などの日用品が中心でした。このため、お客さんのほとんどは女性、主婦層でした。そこで、ティーンエイジャーや男性客を呼び込むために、スナック菓子やカップ麺《めん》などを販売するようになったのです。

しかし、スーパーマーケットと同じ値段では、お客さんが立ち寄ってくれるきっかけにはなりませんよね。お客さんに来てもらうために、スナック菓子やカップ麺をスーパーマーケットよりも安く、利益度外視の目玉商品として店頭に並べるお店が増えているのです。

買い物するときは固定観念を捨てよう

ドラッグストアばかりではありません。不況が長引き、小売業界全体の消費が落ち込み、客足が伸びていないのが現状です。このため、さまざまなお店が本業以外の商品を目玉商品にして、客寄せするようになっています。

たとえば、シャンプーや洗剤を目玉商品にしているのは、家電量販店です。テレビや冷蔵庫、洗濯機といった大型家電は、それほどしょっちゅう買うものではありませんよね。新しい蛍光灯を買いに行くのも、1年に1～2回でしょう。そこで、日用品を目玉商品にして、もっと頻繁《ひんぱん》にお客さんに来店してもらおうという作戦をとっているのです。

激安のシャンプーにつられて来店したお客さんが、店内を見回して、新型テレビを見たとしましょう。

「うちのテレビ、まだ壊れてないけど、もう5年も経ってるなぁ。新型に買い換えたいなぁ」

そう思ってもらうのが、家電量販店のねらいなのです。

また、コメや酒など、かさばる大きなモノを目玉商品にしているのは、郊外のホームセンターです。なぜならば、商品を陳列するスペースにも家賃がかかり、商品の値段には、その家賃が上乗せされているからです。

かさばる商品は、広い陳列スペースが必要なので、商品に上乗せされる家賃の割合も高くなります。このため、家賃の高い市街地のスーパーマーケットよりも、家賃の安い郊外のホームセンターのほうが、かさばる大きな商品はお買い得なのです。

スナック菓子や食品はスーパーマーケット、シャンプーや洗剤はドラッグストア、といった固定観念にしばられずに、世の中を見回してみてください。きっとお得な情報や、おもしろい発見があるはずです。

お母さんがよく買ってくるPB《ピービー》って何?

「PB」という言葉を知っていますか? これは「プライベート・ブランド」の略。スーパーマーケットなどの小売業者が商品を企画し、製造業者に商品をつくってもらい、自分たちの店舗で販売している商標のことです。

商標とは、簡単にいえば「これはうちの商品ですよ」ということを示す名前やマークのこと。イオンの「トップバリュ」、セブン＆アイ・ホールディングスの「セブンプレミアム」、西友の「グレートバリュー」、マルエツの「フーデックス」、ローソンの「バリューライン」といえば、わかりますよね。

ＰＢに対して、「ナショナル・ブランド」というものがあります。ナショナル・マーケット（全国市場）に展開するものでＮＢ《エヌビー》とも呼ばれます。ハウス食品やグリコ、カルビーなど、一般に製造業者の商標がナショナル・ブランドです。

ナショナル・ブランドの商品は、製造業者から問屋を通して小売店に卸され、売れ残った場合は返品されるのが一般的です。１００箱仕入れて、50箱しか売れなかったら50箱返品できるわけです。このため、返品するときの運送費も小売価格に含まれています。つまり、消費者が返品のための運送費を負担しているわけです。

これに対して、ＰＢはすべて買い取り、返品なしのシステムです。問屋などの中間業者を通さず、返品の運送費も含まれず、宣伝費もかけていないぶん、ＰＢのほうが安くなっているのです。

「だったら、すべての商品をＰＢにすれば、消費者が喜ぶのでは？」と思いますよね。その議論は、何十年も前から持ち上がっています。そして、ヨーロッパでは、すでにスーパーマーケットによっては6割くらいの商品がＰＢになっています。

では、すべての商品がPB化することは、よいことなのでしょうか？

巨大化し、力を持った小売業

モノをつくる人がいて、それを売る人がいて、それを買う人がいる。これが買い物のシステム、いわゆる「流通」です。流通の世界では、モノをつくる人や企業を「製造業者」、売るお店や企業を「小売業者」、買う人を「消費者」といいます。

昔の日本の流通においては、製造業者が強い力＝「価格決定権」を持っていました。なぜならば、第二次世界大戦で街や工場が破壊され、日本全体がモノ不足になったからです。お金をいくら出してでも、人々はモノがほしかった。需要に対して、極端な供給不足だったのです。

ところが戦後、製造業が成長するスピード以上に、小売業が成長して巨大化するスピードのほうが速かったため、力関係が変わってしまいました。

昔は、肉屋さん、魚屋さん、八百屋さんというように、小売業者は業種別に分業していました。消費者はその日に必要なモノを求めて、一軒一軒お店をまわっていたのです。

その買い物スタイルが、女性の社会進出やモータリゼーション（多くの人が、生活に自動車を使うようになったこと。自動車の大衆化）の発達、冷蔵庫の大型化により、スーパーマーケットというワンストップショッピング（1ヵ所で、すべての買い物や、サービスの利用をすませること）に変化しました。毎日買い物に行くのではなく、週に1～2回、あるいは週末スーパーマーケットへ行き、まとめ買いするようになったのです。

こうして「小売業者」＝「スーパーマーケット」は、消費者を多く集める力を持つようになりました。

「よい値下げ」と「悪い値下げ」

一方、製造業者は、オートメーション化、IT化、ロボット化といったさまざまな技術の発達により、商品を大量生産できるようになりました。すると、つくったモノの売り先が見つからない、モノが余った状態になってしまったわけです。

その結果、「うちにはたくさんお客さんが来るから、売ってあげますよ。ただし、安くしろよ！」という小売業者からの買いたたきが始まったのです。PBも、「おたくでつくったら、全部買い取ってあげるから、安くしろよ！」という姿勢になり、同じことが起こっています。製造業者はどんどん値下げしなければ、小売業者に買ってもらえない状態になっているのです。

「小売業者が安く仕入れれば、消費者も安く買えるのだから、いいじゃない」というのは、単純すぎます。

たとえば、ジーンズは、少し前までは10代から50代のファッションでした。しかし、1000円以下のジーンズが登場したことにより、幼児からおじいちゃん、おばあちゃんまで、年代に関係なくはくようになっています。値段が下がったことにより市場が拡大し、ジーンズ業界全体の売り上げが上がったのですから、これはよい値下げですよね。

ところが、市場が拡大しないのに、人件費を下げたり、さまざまな経費を削ったりして値段を下げる場合があります。具体的な例をあげれば、牛丼屋さんの値下げ。400円だった牛丼を100円にしたからといって、キミたちは4杯食べますか？　食べませんよね。これは業界内での熾烈《しれつ》な競争ですが、市場が拡大しない値下げであり、結果的に自分たちの首を絞める悪い値下げといえます。

ＰＢにも同じことがあてはまります。いつも買っているモノがＰＢ化されて、値段が下がれば、お母さんはうれしいでしょう。しかし、製造業者に勤めているお父さんの給料は下がるかもしれないのです。

では、どのようなシステムがいいのか？

流通に興味のある人は、ぜひ、その道を目指し、あらゆる業者と消費者、みんながハッピーになるシステムを研究してください。

ネットショップは最強⁉

インターネットショップは、実店舗を構えたお店よりも安いということで、人気を集めています。ネットショップが安い理由は、店舗の家賃と人件費がかからないからです。

しかし、何もかもネットショップがお得かというと、必ずしもそうではありません。

家電量販店に行って、ネットショップの値段と比べて値切る人がいますが、それはマナー違反です。なぜなら、店舗では店員さんが商品説明をしてくれたうえに、質問にも答えてくれます。しかし、ネットショップの場合は、商品説明もなければ、質問にも答えてくれません。

ここで大切なのは、「商品説明」＝「情報」という考え方。つまり、「商品説明」＝「情報」も値段の一部なのです。ですから、ネットショップと比べて値切るのは、店員さんからの「情報」をタダで得ようという厚かましい行為だとわきまえてください。

お得かどうかは、単純に値段だけで判断できるものではありません。

使い方がわかっていて、説明してもらう必要のない商品は、ネットショップで買ったほうがお得だといえます。しかし、使い方がわからないモノは、店員さんのいるお店に行って、説明を受けて買ったほうがお得かもしれません。せっかく買ったのに、その商品を使いこなせないのでは意味がありませんから。

また、一般に、町の電気屋さんは家電量販店よりも割高です。しかし、家電に弱い人にとっては、長い目で見れば、町の電気屋さんのほうがお得かもしれません。テレビとDVDプレーヤーの配線がこんがらかった、原因はわからないけど洗濯機の調子がおかしい、などというとき、電話1本ですぐに来てくれる。自分の店で買ってくれたお客さんへのサービスが充実しているからです。

ネットよりお店のほうがお得なモノは？

では、説明が必要ないモノであればネットショップがお得かというと、一概《いちがい》にそうとはいえません。

たとえば、野菜や魚や果物などの生鮮品は、商品の品質にばらつきがあります。品質が悪かった場合、返品できるシステムもありますが、返品となると書類を書いて、箱につめて、送りに行く手間がかかってしまいます。

時間もお金です。その手間を考えれば、品質にばらつきがある商品は、実際に見て、確認できるお店で買ったほうが、結局はお得といえるでしょう。

本のように、品質にばらつきがないモノは、ネットショップがお得といえます。価格は、ネットショップでも本屋さんでも同じですが、一度に何冊も買ったとき、重たいものをかかえて歩かずにすみますからね。

なぜ、同じモノなのにネットと店頭では値段が違うの？

14歳ではまだ早いかもしれませんが、洋服、ハンドバッグやアクセサリー、靴などには、多くの女性たちが憧れる「高級ブランド」の世界があります。

高級ブランドの代表格といえば、ティファニー、カルティエ、ルイ・ヴィトンやグッチ、シャネルなど、名前は聞いたことがありますよね。これらの高級ブランドは、いずれも家賃の高い一等地に店舗を構え、店内には分厚いじゅうたんが敷きつめられていて、店員さんが白い手袋をしてお客さんを迎えてくれます。そして、数十万円、数百万円という商品を売っているのです。

このように、高級ブランド品を扱うお店では、単に商品を提供するだけではなく、高級品を売るにふさわしい雰囲気を提供することによって、高い値段をつけているのです。

一方、インターネット上のショップでは、実店舗を構えていないのですから、家賃が必要ありません。そのうえ、ブランドショップのように高級品を扱う雰囲気を演出する必要もないため、そのぶんのサービス料が排除され、店頭販売よりも安く売ることができるのです。

逆に、インターネットショップで価格が高騰《こうとう》するものがあります。たとえばニンテンドーDSは、現在では在庫があり、入手しやすくなっているので、お店に行けば定価で販売されています。しかし、発売直後で品薄状態のときは、インターネットのオークションで定価の5倍もの値段がついたこともありました。

このように、同じモノであっても、タイミングによって価値が変わる場合もあるのです。

「現金割引」と「ポイント還元」、どっちがお得？

「ポイント還元」は、お客さんにそのお店で買い続けてもらうために、お店が負担している経費といえます。

たとえば、1万円のゲームソフトを買って、1000円ぶんのポイントがついたとしましょう。そのポイントは次回以降、そのお店で買い物をするときに使えます。同じ1000円でも、現金で割り引いてしまうと、お客さんはよそのお店で使ってしまうかもしれませんよね。だから、次の売り上げにつなげるために、買ったお店、もしくはチェーン店、系列店でしか使えないポイントにしているのです。

ポイントは、そのお店では現金と同じ価値を持っていますが、ほかのお店では利用価値はありません。「〝うまい棒〟を買いたい」と思っても、そのお店にうまい棒がなければ、たとえ1万円ぶんのポイントがあっても買えないのです。

これに対して、現金割引の場合は「現金が戻る＝（それは）どこでも使える」という流動性があります。流動性という価値があるぶん、同じ割引率であれば、現金割引のほうがお得だといえます。

この「流動性」という価値をふまえて、現金割引よりも、ポイント還元率を高くしているお店も少なくありません。

たとえば、1万円の商品を買ったとき、現金の場合は販売価格の10％の1000円値引きして、ポイント還元の場合は12％の1200円ぶんのポイントをつける、という仕組みです。

最近は、ポイント還元をやめて、現金割引に統一するお店も多くなってきました。その理由は、ポイント還元は、お店側にとってはお客さんに借金をしているようなものだからです。しかも、お客さんがいつポイントを使うかわからないため、決算がとても複雑で面倒なのです。

それに比べて、すべてその場で精算される現金割引は、財務処理がスムーズ。というわけで、近い将来、ポイント還元はなくなるかもしれませんよ。

同じ飛行機のチケット、買う時期で値段が違うのはなぜ？

同じ飛行機のチケットであっても、45日前と、28日前と、当日では、値段が違います。購入時期が早ければ早いほど安いのです。なぜでしょうか？

お客さんが1人しか乗っていなくても、100人乗っていても、ガソリン代、空港使用料、乗組員の人件費など、その飛行機を飛ばすためにかかる経費は同じですよね。つまり、1人でも多くのお客さんが乗っているほうが、航空会社はもうかります。

逆に、お客さんが少なければ赤字になってしまいます。しかし、赤字であっても、飛行機を飛ばさないわけにはいきません。だから、航空会社としては、1人でも多くのお客さんを早く確保したいのです。このため、早い時期から割り引いてチケットを販売しているのです。

ここで少し難しい話をします。航空会社のようなサービス業の特徴に、「不可逆性」というものがあります。一度提供されたサービスは元に戻せない、という意味です。

たとえば、4月1日16時発の東京（羽田）―札幌（千歳《ちとせ》）便は満席で飛び立ってしまい多くのお客さんが乗ることができなかったとしましょう。いくら翌日の同じ便は空席だらけだったとしてもお客さんは、4月1日の東京—札幌便のサービスには乗ることはできない。これがサービスの「不可逆性」です。

このように、元に戻せないサービスは、割り引いてでも早めに売ってしまったほうが、結局はもうかるわけです。しかも、早い時期に安く買ったお客さんが、変更したりキャンセルしたりする場合、とても高い手数料を取られます。安くても早く売ることで、売り上げが確実になるぶん値引きしましょう、というサービスなのです。これに対して、「今日、絶対に飛行機で行かなければならない」という急用ができた人は、定価の高いチケットを買わなければならないのです。

ホテルや旅館は当日予約がねらい目

飛行機のほかにも、不可逆性のサービスを提供しているのが、ホテルや旅館です。毎日、同じ部屋数があるのですから、割り引いてでも早めに売ってしまったほうが、確実な売り上げにつながります。だから、同じホテルの同じ部屋であっても、早く予約したほうが安いのです。

ただし、ホテルや旅館の場合は、当日の夜、違った意味で安くなる場合があります。その日はお客さんがいなくて、ガラあきだったとしましょう。それでも、人件費や電気代はかかります。だったら料金を安くしても、泊まってもらったほうが売り上げになりますよね。このため、当日、部屋があいているホテルや旅館は、激安で泊まれる場合があるのです。

キミが知らない「クーポン券」の秘密

最近、注目されている「クーポンビジネス」について紹介しましょう。

インターネット上に、「クーポン共同購入サイト」というものがあります。レストランやホテル、エステサロンなどを格安で利用できるクーポン券を、枚数限定や期間限定で販売しているサイトです。

誰と誰が共同で購入するかというと、そのサイトを見ている人たち。まったく知らない人どうしです。利用できるお店ごとに、割引が発生する最低枚数が決まっていて、人気のあるものは、売り出されるとあっという間に売り切れます。

しかし、そのクーポンを買いたい人が少なくて、締め切りまでに最低枚数に届かない場合は、クーポンは発行されません。なぜなら、ある程度数がまとまるから、割り引いてもモトがとれるわけで、少ない人数に安く売ったのでは、お店が損してしまうからです。

このように、クーポンビジネスとは、そのお店で利用できる前売り券を、薄利多売することで成り立っているのです。

さらに、共同購入サイトで申し込むときは、一般にメールアドレスを登録しなければなりません。すると、購入後、そのサイトから広告メールが届くようになります。広告メールを見た人は、その商品がほしかったわけではないのに、「安いから、買わなきゃ損！」という気持ちにさせられる可能性もありますよね。そうやって、次の購入につなげようというのが、クーポンビジネスの作戦なのです。

個人情報で広告ねらい撃ち

クーポン券は前売りばかりではありません。地域ごとの飲食店を紹介しているインターネットのサイトには、そのお店のクーポン券をプリントアウトして持って行けば、料金を割り引いてくれたり、デザートを無料にしてくれたりという特典を受けられるシステムがあります。

これは一見、お店が損をしてまでサービスしてくれているようにみえますが、決してそうではありません。その秘密は、クーポン券に住所や名前、誕生日などの「個人情報」を書かせるところにあります。

デザートが無料になるというので、プリントアウトしたクーポン券に、住所と名前を書いて持って行きました。するとその後、お店からお得な情報を送ってくるようになります。頼んだわけでもないのに、一方的に送られてくるのです。

「お誕生月だけの特典！」などと書かれていれば、「どうせ誕生パーティーをするのなら、サービスしてくれるお店のほうがいい」「その店に行かなきゃ損！」と思ってしまいますよね。このように、何も情報がなければ行くつもりなどなかったお客さんを呼び込むために、クーポン券を発行しているのです。

お客さんは、さまざまなお店から、行きたい店を選びます。一方、お店の人は「自分の店に来てほしい」といつも考えています。だから、「うちのお店はサービスしますよ。お得ですよ」という情報を少しでも多くの人に伝えたい。その情報を伝えるためには、お客さんの個人情報が必要です。このため、お店の人は、ノドから手が出るほど、消費者の個人情報をほしがっているのです。

名前、住所、電話番号、誕生日、Ｅメールや携帯メールのアドレスなど、一度でもお店に個人情報を知られたら、そのお店がつぶれない限り、さまざまな情報が送られてくるという覚悟が必要です。

現金なしで買い物できる魔法のカード

クレジットカードは、別名「プラスチックマネー」とも呼ばれるように、お金の代わりを果たすカードです。

たとえば、３万円のゲーム機をクレジットカードで支払ったとしましょう。ゲーム機は、その日に家に持って帰ることができます。ところが、この段階でお店にお金を支払ったのは、買い物をした人ではなくカード会社。カード会社が立て替えて支払っているのです。そして決められた期日に、買い物をした人の銀行口座から、３万円が引き落とされます。

簡単にいえば、カードで買い物して、後払いするというシステムです。

このように、クレジットカードは、現金を持っていなくても買い物ができる、とても便利な魔法のカードともいえます。

便利なクレジットカードの「落とし穴」

クレジットカードは、便利である一方で、落とし穴もあることを知っておかなければなりません。

カードを使って買い物をしたとしましょう。そして、銀行口座から引き落とされる日がやってきました。ところが、口座のお金が足りなかったらどうなるのでしょう？

答えは、「お金を払う約束を守れなかった」ということで、「社会的信用をなくしてしまう」のです。

クレジットカードは、カード会社がその人の収入を調べ、「1ヵ月いくらまでなら支払い能力がある」という信用に基づいて発行されます。ですから、1ヵ月に利用できる限度額は決まっています。

それでも期日に引き落としができないのは、次のような理由によります。

●カードで買い物をした金額を忘れて、銀行口座にお金が残らないくらい、現金でも買い物をしてしまった。

●カードを何枚も持っていて、その複数のカードで自分の収入以上の買い物をしてしまった。

期日に引き落としができず、社会的信用をなくすと、その後の人生において困ることになってしまいます。なぜなら、カード会社はとてもたくさんありますが、みんなで「信用情報」を共有しているからです。信用情報を共有しているとは、次のようなことです。

たとえば、A社のクレジットカードで買い物をして、約束の日にお金が足りずに、引き落としができなかったとします。すると、「この人は約束を果たせなかった」という情報が、B社にもC社にもD社にも……、といったように、ほぼ日本中すべてのカード会社にいきわたってしまうのです。

もちろん、その人の住所も名前も電話番号も勤め先も、すべての個人情報が流れますから、別の会社でカードをつくることはできなくなります。さらに、自動車や家、マンションなどを買おうと思ったときに、ローンを組めなくなる可能性も出てきます。そうなると、自動車も家も現金でしか買えなくなってしまいます。これでは人生設計も狂ってしまいますよね。

海外のホテルには現金払いでは泊まれないところも

とはいえ、クレジットカードを1枚も持っていなくて、困る場合があります。「クレジット」とは「信用」という意味で、先ほども述べたように、クレジットカードは「この人には支払い能力がある」という社会的な信用に基づいて発行されるものです。逆にいえば、1枚も持っていないと「支払い能力がない」と判断されてしまうこともあるのです。

そのわかりやすい例は、海外旅行です。ニセ札の被害をなくすために、現金払いはダメで、カード払いしか受けつけないホテルが海外には少なくありません。つまりクレジットカードを持っていなければ、宿泊を断られてしまうこともあるのです。

大人になれば、キミもクレジットカードを持つことでしょう。そのときは、決して使いすぎないこと！　きちんと管理してください。

カード会社のカラクリ

クレジットカードの落とし穴は、まだあります。

カード会社も企業ですから、「後払いでいいですよ。すべてタダで立て替えておいてあげますよ」というわけにはいきません。社員の給料を払い、会社を運営していくためには、収益をあげなければならないのです。

では、何がカード会社の収益になっているのでしょうか？　それは、「利息」と「手数料」です。カードを使った人は利息を、カードの加盟店は手数料を支払っているのです。

カードで買い物をすると、「支払い方法」を聞かれます。支払い方法には、「一括《いっかつ》払い」「ボーナス一括払い」「分割払い」「リボルビング（リボ）払い」があります。

たとえば、10万円の買い物をしたとしましょう。

「一括払い」は、1回で支払う方法で、翌月、銀行口座から一度に10万円引き落とされます。法律で「2回払いまでは利息をとってはいけない」と定められているので、利息はつきません。「ボーナス一括払い」も同様です。

「分割払い」は、何回かに分けて支払う方法。3回以上の分割にすれば、利息を支払うことになり、支払い回数が多いほど、利息は高くなります。

「リボルビング払い」は、あらかじめ指定した一定の金額を毎月支払っていくという方法で、略して「リボ払い」といいます。

「リボ払い」に隠されたワナ

「リボ払い」で、毎月の支払額を5000円に設定したとしましょう。毎月ある程度の給料をもらっていれば、毎月5000円くらいならムリなく払えそうな気がしますよね。でも実際はどうでしょうか？

あるとき、3万円の靴がほしくなり、リボ払いで買いました。その翌月は3万円のジャケットがほしくなり、リボ払いで買いました。そのまた翌月には、3万円のゲーム機がほしくなり、リボ払いで買いました……。

支払いは毎月5000円だからラクチン！　ほしいものがドンドン手に入るのですから、夢のようなカードだと思うでしょう。

しかし！　お金のことですので、そんな夢のような話なんてありません。

毎月の支払額が変わらないのなら、何が変わるのか、考えてみてください。そう、支払い期間が長くなるのです。

カードで毎月3万円ずつ、1年間買い続けたとしましょう。合計で36万円の買い物をしたことになります。これを毎月5000円のリボ払いにした場合、いったいどのくらいの期間、支払わなくてはならないのでしょうか?

リボ払いにも、当然、利息がつきます。カード会社によって多少の差はありますが、36万円の買い物をした場合、利息を加えた返済金額は約50万円。それを毎月5000円ずつ返していくのですから、返済期間はなんと100ヵ月! 8年以上も支払い続けなくてはならないのです。

リボ払いが怖いのは、使った金額が増えても、毎月の返済額が変わらないところ。このため「借金をしている」という気持ちがうすれて、また次の買い物をしてしまう人が多いのです。

「お金がなくて、ほしいものが買えない」「お金がなくて、行きたいところへ行けない」というときでも、「カードで分割払いにすればいいや」と考える人は少なくありません。

しかし、あれもこれもカードで払いすぎて、気づいたときには自分が支払える金額を超えてしまい、破産してしまうという人が増えています。くれぐれも「ご利用は計画的に」。これがカードを使うときの鉄則です。

絶対に、連帯保証人になっちゃダメ！

ご両親から「お金の貸し借りはダメ！」「社会人になったら、たとえ親類や親友から頼まれても、連帯保証人になっちゃダメ！」といわれたこと、ありませんか？怖いカードローンの話をしたついでに、僕からも、「連帯保証人とお金の貸し借りはダメ！」という話をしておきましょう。

まず、お金の貸し借りに関する「連帯保証人」は、日本の悪い習慣のひとつで、海外にはこのような制度はほとんどありません。

たとえば、僕がAという金融業者から100万円借りるとしましょう。そのとき「金子が期日までに返せなかったら、立て替えて払う」という約束を、Bさんが引き受けます。この場合、Bさんが僕の連帯保証人になります。そして、僕が期日までに払えない場合、A社はBさんに、利子も含めて貸したお金を請求できるのです。そうなると、Bさんは自分の借金ではないのに、請求されたお金を支払わなければなりません。

世の中には、自分は連帯保証人になっていなくても、親が連帯保証人だったために、親の死後、まったく知らない人の借金を負ってしまった人もいます。

だから、絶対に、連帯保証人になっちゃダメ！

連帯保証人は、自分の人生だけではなく、周囲の人の人生までくるわせてしまうのです。

「お金を貸して」と頼まれたら、どうする？

でも、長い人生のなかでは、お世話になった人や、学生時代からの友人から「新しい事業を始めることになり、銀行からお金を借りるから連帯保証人になってよ」と頼まれることがあるかもしれません。断ってしまえば、お世話になった人への恩返しができず、友情が壊れてしまう可能性もあります。そんなときは、どうすればいいのでしょうか？

僕も、「連帯保証人になってほしい」と頼まれたことが、何度かあります。そのときは「ごめんね。僕には、そんな大金を保証する経済力がないから」と断ったうえで、「僕がしてあげられるのは、これだけ。返さなくていいから」と、その人にあげられるだけのお金を、あげてしまいます。

貸してあげるのではありません。その人との関係性にもよりますが、1万円なら1万円、10万円なら10万円、その人にポンと、あげてしまうのです。

連帯保証人ではなく、「お金を貸してほしい」と頼まれたときも同じです。相手から頼まれた金額を貸すのではなく、「これが僕にできるせいいっぱいだから」と、あげられるだけのお金をあげてしまいます。

恩人や親友が困っていれば、なんとか力になってあげたいという気持ちもあるでしょう。だから、その人との関係を考えて、自分にできるだけのお金をあげてしまう。なぜなら、返してもらおうと思っていたのに、返してくれなかったら悲しくなってしまいますから。

僕は昔、どうしても断れない友人から「お金を貸してほしい」と頼まれて、貸したことがあります。しかし、そのお金は返ってきませんでした。そして、その友人とは連絡がとれないままです。その経験から、「貸すのではなく、あげてしまう」ことにしたのです。

友情も人間関係も壊してしまうのが、お金の貸し借りです。親のお金で生活しているキミたちが、お金の貸し借りなんてもってのほか。そして、社会人になっても、お金の貸し借りは絶対にダメと、肝《きも》に銘《めい》じてください。

学校では教えてくれないお金の話

第4章

お金がなくてもゴージャスに暮らせる

みんながハッピーになる節約をしよう！

「節約」と「ケチ」は、「お金を使わない」という一面は共通していますが、その意味はまったく違います。

お金を使わないことで、他人に不快感を与えたり、迷惑をかけたりするのが「ケチ」。たとえば、いつも友だちにマンガを借りるばかりで、自分では買わず、人に貸すこともない。これでは人に不快感を与えてしまいますよね。あるいは、お店の人が仕入れた値段以下に「まけろ、まけろ」と買いたたく。そうやって相手を赤字にしてまで、自分のお金を浮かせたいというのがケチです。

一方、「節約」というのは、人に迷惑をかけずに、自分のできる範囲でお金をかけない努力をする「賢い暮らし方」を意味します。

たとえば安売りの白菜を1個買ってきて、あきないようにあれこれ工夫して、捨てることなく全部食べきるのは節約です。

もうひとつ、節約とケチの決定的な違いは、お金を使わないのは「自分のため」か「人のため」かという点です。

ケチがお金を使わないのは、自分のお金を貯めるため。しかし、節約の目的は、単にお金を貯めこむことではありません。節約して貯めたお金を、人を喜ばせるために使うのです。

自分自身がハッピーに生きていくためには、良好な人間関係を築くことがいちばん大切。お金を使ったことで、周囲のみんなが喜べば、人間関係はよくなりますよね。ですから、周囲のみんながハッピーになるために、お金を使うことも心がけておくべきでしょう。みんなをハッピーにすることで、人間関係がよくなり、結果的に自分自身もハッピーになる。それが「活きたお金」の使い方です。

とはいえ、今、キミが使っているのは、自分で稼いだお金ではなく、親が必死に働いて得たお金です。友人が喜ぶからと、おごってあげたり、高いモノをプレゼントしてあげるのはムダ使いでしかありません。

学生の間は節約をしっかりと身につける期間。そして、節約して貯めたお金を何に使うのか、その目的を探すための期間だと心得ましょう。

節約を身につければ、強く生きられる

節約は、周囲の人のハッピーにつながるだけではありません。もちろん、自分自身のためでもあります。

僕の父は、船会社の社員でした。船会社は、運賃をドルでもらいます。このため、為替《かわせ》レート（通貨の違う国どうしのお金を交換する際の交換比率。為替相場ともいう）の変動によって、ボーナスが増えたり減ったりしていました。自分が努力をしたとか、努力をしなかったではなく、自分ではコントロールできない、アメリカの経済によって年収が増減していたのです。

つまり「今月は円安で給料が多かったから」とムダ使いしてしまったのでは、給料が減ったときに生活できなくなってしまうのです。だから給料が減っても暮らしていけるように、家族全員が節約しながら生活していたのです。

また、僕の父は、こんなことをしょっちゅう僕に話して聞かせました。

「今、あそこを走っているのはドイツの車だが、あれを日本に運んできた船の乗組員

はフィリピン人だ。なぜなら、日本人があの車を運ぶより、フィリピン人が運んだほうが人件費が安いからだ。これからは、同じ技術、同じ仕事内容であれば、働く人の国籍は関係なくなる」

そんな話を聞きながら、僕はいつしか、こう考えるようになっていました。

「働く人の国籍が関係なくなれば、さまざまな仕事は、賃金の安い外国人に奪われてしまうだろう。つまり、外国人よりも高い賃金を要求することは、仕事を失ってしまうことになる。だったら、高い賃金を要求するのではなく、たとえ収入が少なくても、最大限に幸せな生き方をしていこう」

実際に、現在の世の中は僕の父がいっていたとおりになりました。

昔は「いい学校を出ていい会社に勤めれば、幸せになれる」と考えられていました。しかし今は、大学を出たからといって、高収入につながるわけではありません。ましてや、さまざまな企業が海外に工場をつくり、賃金の安い国の人たちを雇っているという時代になっているのです。

これから先、世の中にどんな変化が起こり、日本の経済がどうなっていくのかは、誰にもわかりません。しかし、節約を身につけていれば、収入が少なくなっても生活できる、強い生き方ができるのです。

お母さんに教えてあげたい「お店の作戦」

何も買わずに生きていくことはできません。食料や日用品などの生活必需品は、買い続けなければならないのです。生活必需品を、10円でも20円でも安く買うのが、賢い買い物術。毎日の積み重ねが、大きな節約につながります。

賢い買い物をするために、商品には「集客商品」と「収益商品」があるということを、お母さんに教えてあげてください。

「集客商品」とは、お客さんを集めるための激安商品のことで、お店にとっては利益になりません。一方「収益商品」は、お客さんを集める力はないものの、利益を生む商品のことです。

たとえば、肉や魚、野菜などの生鮮食品を激安の「集客商品」にしているスーパーマーケットがあります。それでも、もうけを出しているのは、調味料やレトルト食品を「収益商品」にしているから。調味料やレトルト食品のことを「グローサリー（生鮮食料品以外の食料品、生活雑貨、日用品などの総称）」といいますが、グローサリーは粗利が高いので、もうかるのです。

このことを知れば、何もかも同じ店で買いそろえるのではなく、その店の集客商品だけを買うのが、賢い買い物術だとわかりますよね。

また、お店では、次のようなしかけもしています。

コンビニやスーパーマーケットで、缶ビールやお酒を並べた冷蔵ケースの前に立ち、振り返ってみてください。必ずといっていいほど、ピーナッツやポテトチップスなど、おつまみの棚になっています。これは「関連陳列」といい、ビールといっしょにおつまみも買わせてしまおうという、お店の作戦なのです。

買い物に行ったときに、お母さんが集客商品や関連陳列にさそわれて、安くないものや、よけいなものを買ってしまいそうになったら、注意してあげましょう。

ほしいモノは激戦区で買え！

ほしいモノを買うときは、その商品を多く扱っている「激戦区」へ行き、最低でも3軒の店を回って、値段をチェックすること。これは節約の鉄則です。なぜならば、激戦区では価格競争が起こるので、お得な買い物ができるからです。

たとえば、最新モデルのスニーカーを売っている店が1軒しかなければ、その店がつけた値段になってしまいます。ところが、同じスニーカーを売っている店が、近所に2軒も3軒もあれば、自分の店で買ってもらうために、値段を引き下げる競争が起こるのです。

わかりやすい例は、秋葉原。2～3軒どころか、ひとつの街に、電気製品やパソコンを売っている店がひしめき合っている激戦区です。このため、値引き合戦が起こり、日本有数の電気製品が安い街になっています。つまり、「電気製品を買うなら、秋葉原へ行け」ということです。あるいは、ヤマダ電機、家電のコジマ、ケーズデンキなどの大型家電量販店が近所に集まっている地域もおすすめです。

賢い買い物で節約するためには、ショーウィンドウに飾ってある商品につられて衝動買いしてはダメ！　その商品を売っている激戦区で、必ず値段のチェックをしてください。

人生では激戦区を避けるべし

買い物は激戦区がおすすめですが、人生は逆。競争相手が多いジャンルで生き抜いていくのは、大変です。なぜならば、買い物の激戦区と同じで、値段を下げなければならないので、もうけるのが難しくなってしまうからです。

しかし、競争相手がいないジャンルであれば、自分で値段を決めることができますよね。だから、競争相手のいないジャンルで勝負しよう、というのが僕の考え方です。

ある雑誌で、南海キャンディーズの山ちゃんが、こんな意見を述べていました。

「ＡＫＢ48が人気を集めているのは、それぞれのメンバーが、自分の個性を最大限に発揮しているから」

アイドルなのだから、かわいくて、歌って踊れるのは当たり前。芸能界は、そんなアイドルたちばかりの激戦区です。それでもＡＫＢ48が人気を集めているのは、アイドルとしての魅力に加えて、個性という「自分だけの武器」を持っているからだ、というのです。

その「自分だけの武器」が、競争相手のいないかわいさになり、それぞれ質の違った「かわいい」の集合体になっている。それが、AKB48の人気の秘密なのです。

ジャニーズも同じです。SMAP、TOKIO、KinKi Kids、V6、嵐、KAT-TUNなどなど、一言でいえば「かっこいい」ですが、それぞれタイプが違うかっこよさですよね。

もし、進路に迷ったら、競争相手の少ないジャンルを意識してください。誰もやっていないジャンルであれば、ベストです。

部活選びなどでも、人気のあるスポーツよりも競技人口の少ない部を選び、競争率の低いところで代表選手になるのもひとつの方法です。どんなスポーツでも代表は代表ですからね。

得意分野を活かしてランチ代を浮かせよう

僕が中学生のとき、休日にランチ代を浮かせていた裏技を紹介しましょう。

今でもそうですが、僕は大の家電好き。説明書を見なくても、接続できるのが自慢です。その得意技を活かして、友だちの家がテレビを買ったときには設置しに行ってあげたり、ファミコンやオーディオの接続をしに行ったり。休日ともなれば、しょっちゅうやってあげていました。

おかげで、「金子君は、家電にくわしい」と評判になり、友だちが新しいオーディオなどを買うときに、「今度の日曜日、いっしょに買いに行って選んで」とさそわれるようになりました。

そして買いに行く当日は、その家のお母さんが「お休みの日にごめんなさいね。これでお昼ご飯でも食べて」と、おこづかいをくれるので、休日のランチ代に、自分のお金を使うことはなかったのです。

大人になってからも、同じ裏技でたくさんおこづかいを稼ぎました。

今でこそ各家庭にパソコンがありますが、世の中にパソコンが広まり始めたのは、Windows 95が出たとき。当時は、パソコンの接続や、インターネットの設定ができない人ばかりでした。そこで、家電オタクだった僕は大活躍。

そのころ僕は、勤めていた会社をやめて、フリーランスの流通ジャーナリストになったばかりで、ほとんど仕事がなかったので、友人のパソコンを接続したり、インターネットの設定をしたりして、謝礼をもらって稼いでいました。

僕のうわさは、友人たちから口コミで広がり、毎日、4～5軒の家をまわって接続したこともあったので、多い月には、なんと謝礼が50万円になったこともありました。

だから、学校の勉強以外の得意分野をひとつ持つこと！　そして、その得意分野を活かして、生活に役立つ、実用的なお手伝いをしてあげることが大事だと思います。

そうすれば、みんなから声がかかり、友だちの輪が広がりますし、もしかしたらご飯をごちそうしてもらったり、謝礼をもらったりすることもありますから。

友だちはお金にも勝る「財産」

秀才になるためには、大変な努力が必要です。だけど、「集才」なら簡単。「集才」とは、才能を持った人を集める力です。

たとえば、英語、数学、国語、理科、社会、図画工作など、全教科でトップになるのは大変なこと。しかし、それぞれの教科で「それは得意だよ」という友人を一人ずつ持てば、わからないところを教えてもらい、問題は解決できますよね。それが「集才」です。

では、どうすれば「集才」になれるか？　ひとつだけでいいから、自分も友だちに教えてあげたり、手伝ったりできる得意分野を持つことです。

僕の場合は、前節で述べたように、パソコンやオーディオの接続が得意でした。学校の勉強では、社会科や国語が得意だったので、よく友だちに教えてあげていました。人に教えてあげることで、ますます自分の理解が深まります。また、得意分野のことを友だちから聞かれてわからなかったときも、一生懸命に調べたので、知識が増えていきました。

逆に、僕は理系科目が不得意だったので、数学や理科が得意な友だちに、わからないところを教えてもらっていました。

このように、友だちが多ければ、苦労しません。そういった意味でも、友だちは大切な財産なのです。

目指せ「集才」！

社会人になってからも同じです。自分自身の能力を高めなくても、各分野の能力を持った人を集めることができれば、人生で困ることはありません。

世の中のあらゆることが細分化されている現代、一人の人間があらゆる分野でトップになるのは不可能です。だから「集才」になり、「何か困ったら、とりあえずあいつに聞けばいい」というようなポジションを押さえておくこと。

大事なのは、自分ができるということではなく、みんなが「とりあえず聞きに行こう」と思い出してくれる「窓口」になることなのです。そして、知らないことを聞かれたら、自分で本を読んだり検索したりするのではなく、知っている人に聞けば、問題は解決します。

まず、自分の得意分野を持つことで、人が集まってくる。そして、とりあえず聞きに行こうという「窓口」になることで、さらに人が集まってくる。人が集まってくるようになれば、現代社会の問題点や人々が求めているもの、世の中の流れが読めるようになります。これこそが、「集才」の威力です。

だから、人生で目指すべき道は「集才」なのです。才能を持った友だちが多ければ多いほど、人生で苦労しませんから。

ウケないネタを仕入れるのはムダ

僕は、子どものころから、マンガ本を買ったことはありません。なぜなら、マンガは読んだら終わりで、友だちを増やす「集才」にもつながらないし、お金を生む投資にもならないと思ったからです。

友だちをたくさんつくるには、ウケるネタを持っていなければなりません。しかし、みんなが読んでいるマンガのことをしゃべっても、「へぇ」とか「ほぉ」とかいわれない。「知ってるよ」といわれて終わりで、ウケませんよね。ウケないネタのためにお金や時間を使うのは、大いなるムダです。

でも、本で読んだ、誰も知らないネタであればウケます。僕は、集団登校や給食時間の雑談のネタを仕入れるために、いつも百科事典や広辞苑《こうじえん》を読んでいました。また、地図帳を見るのも大好きでした。

百科事典、広辞苑、地図帳は家のリビングに置いてあり、テレビで興味を持ったことや、知らないことがあったら、すぐに調べるのです。そうやってネタを仕入れて、翌日みんなにしゃべって「へぇ！」といわれると、うれしくてたまりませんでした。しかも、国語や社会科が得意になっていったのですから一石二鳥。みんなに教えてあげることで、どんどん友だちの輪が広がっていきました。

キミも、テレビを見ていて、知らない言葉を聞いたり、知らない土地が出てきたら、わからないままにしないこと。それが学校の勉強とは関係ないことであっても、友だちにウケれば、決してムダではありません。

ああ、金子クンの失敗

先日、ラジオを聴いていたら、スガシカオさんがこんなことをいっていました。

「やりたいことがなかったら、とりあえずお金を貯めておけ。いざ、やりたいことが見つかったとき、すぐに立ち上がれるように、貯金して準備をしておけ」

まったく同感です！

マンガだけではなく、僕は、次のお金を生むことにつながらないお金は使いませんでした。お年玉や入学祝いなど、まとまったお金が入ったときには、そのお金をどう使えば次のお金を生むかを考え、思いつかなかったときには貯金しておいたのです。

そんな僕ですから、かなりの金額を貯金していました。そして高校2年生のとき、「これだ！」と思う使い道を思いついたのです。

それは、ミュージシャンになることでした。

「ミュージシャンになって、ヒット曲を出せばガンガンもうかる」

そう思った僕は、キーボードやギター、アンプなど、楽器や必要な機材を買いそろえました。そして、全部そろったところで満足してしまい、ミュージシャンになるどころか、1回も弾かないまま終わってしまったのです。

楽器を買うときは、「自分で使わないときは、人に貸し出せばもうかる」と思っていたのですが、なぜかそのときは貸し出しもしないまま、買いそろえた段階で「もういいや」と満足してしまいました。

その楽器ですか？　20年以上経った今も、実家に置いたまま。モトをとれないまま、ずーっと飾ってあります……。

金子家の「トヨタ方式」節約術

僕の家では、「トヨタ方式」で、生活費を節約していました。

「トヨタ方式」とは、徹底的にムダをなくし、効率化を図ること。トヨタ自動車の工場で行われている生産方式で、正式には「トヨタ生産方式」といいます。トヨタ自動車では、たとえば鉄板からボンネットの型を抜くとき、もっとも廃棄部分が少なくなるような抜き方をして、資源のムダを省いているのです。

僕の家でもトヨタ自動車を見習って、ムダをなくす工夫をしていました。

たとえば、食べ終わった食器は、ティッシュでふいてから洗う。そうすれば、洗剤や洗い流す水の量が少なくてすみますよね。ただ、食器をふくのに、買ってきたティッシュを使ったのでは、節約にはなりません。パチンコ屋さんが街角で配っていた、無料のポケット・ティッシュを、いつもたくさんもらうようにしていたのです。

また、ティッシュでふいたからといって、食器を重ねてはダメ。なぜなら、裏も洗わなければならなくなり、洗剤と水が2倍必要になってしまうからです。

さらに、お風呂は家族みんながいっしょに入ることで、追《お》い焚《だ》きの必要をなくし、ガス代を節約していました。そして、残り湯は掃除や洗濯、加湿器にも利用して、ほぼ使い尽くしていました。

「Kaizen」でムダを省く

さて、食費です。日本中の家庭にある冷蔵庫の中には、腐らせてしまったり、消費（または賞味）期限が過ぎて食べられなくなったモノが年間、約7000円ぶん入っているという統計もあります。ということは、ムダな買い物をしないだけで食費を1割削れることになりますよね。

安いからと大量に買い込んで、腐らせてしまうほどもったいないことはありません。必要な分量だけを買うのも、節約なのだと、お母さんに教えてあげてください。ムダなモノは買わず、必要なときに必要なモノだけを買う。これはトヨタ生産方式のなかでも、「ジャスト・イン・タイム」と呼ばれる節約術で、在庫は必要最低限にするという意味です。

もうひとつ、買い物に行ったらそのレシートを冷蔵庫に貼ることを、お母さんに提案してあげましょう。そのレシートから食べたモノを消していけば、冷蔵庫を開けなくても、残っているもの、足りないモノがすぐにわかりますよね。冷蔵庫を何度も開けたり閉めたりすれば、電気代が上がります。冷蔵庫を開けないことも、節約になるのです。

トヨタ生産方式の中には、会社命令ではなく、作業する現場の人が自分たちで知恵を出してムダを省いていく方式があり、「Ｋａｉｚｅｎ＝改善」と呼ばれています。トヨタ生産方式に賛同する海外の企業も、この考え方を採用するようになったため、アルファベット表記の国際語になっています。

さて、キミの家を見回してみましょう。Ｋａｉｚｅｎすべきムダはないでしょうか？

金子式〝エセ〟ゴージャスデート術

僕の初デートは14歳のときでした。この本を読んでいる14歳のキミは、デートをしたことがありますか？　デートの予定がある人にもない人にも役立つ情報として、お金をかけなくてもゴージャス感を味わえる、金子式節約デート術を紹介しましょう。いつか役立つ日が来るはずです。

せっかくのデートなのに、１００円のハンバーガーだけではケチだと思われてしまいます。かといって、高級レストランに行くお金は、中学生には厳しいですよね。そこで活躍するのが、自転車とお弁当箱です。

まず、ヒマなときに、「ここだ！」というような景色のいい場所を自転車で探しておきましょう。そこへ、キミの手づくり弁当を持って、彼女といっしょにサイクリングするのです。「お弁当男子（自分でお弁当をつくって学校や会社に持っていく男性のこと）」がウケている時代です。得意料理の2つや3つ持っていなければ、彼女はできないと心得ておきましょう。

目的地に着いたら、一言、「キミに、この景色を見せたかったんだ」。

交通費もランチ代もかかっていないけど、彼女にとっては印象深いデートになること間違いなしです！

もうひとつ、中学生にはちょっと早いけれども、とっておきの節約デート術を伝授しておきましょう。

大学時代、僕がデートの待ち合わせ場所によく利用していたのは、ホテルオークラのロビーです。そして、デートは、毎月25日と決めていました。なぜなら、毎月25日が、無料のロビーコンサートだったからです。豪華ホテルのロビーでコンサートが楽しめるのですから、女の子は喜びます。

コンサートが終わったら、食事に行くのは、昼ならチェーン店のコーヒーショップ、夜なら牛丼チェーン店で十分。ホテルオークラで待ち合わせることによって、お金を使ったわけではないけど、ゴージャス気分を味わっているので、女の子から苦情をいわれたことはありません。

このように、デートはお金をかければいいというものではなく、頭を使ってアイデアで勝負するものなのです。

何をやってもタダ！ 大充実の無料サービス利用術

僕の家には、「家族全員がそろうまで、家の中に入ってはいけない」というルールがありました。なぜならば、エアコンの電気代や暖房費がかかるから。

このため、わが家は200メートル以内に図書館がある家に住んでいました。学校から帰ってきたら、エアコン代も電気代もかからない図書館へ直行し、宿題をしたり本を読んだりするのが日課だったのです。

もちろん、休日も家族そろって図書館へ行き、本や雑誌、新聞などを読んで過ごしました。家の近所ですから、リビング代わりに利用していたわけです。そして、夏休みのレジャーは、公共のプール。そうやって、納めた税金のモトを回収しなければ損。これが父親の考え方だったのです。

僕は図書館を利用するとき、週に1度は、ふだん行かないコーナーの本を読むように心がけていました。そうやって知識を広げ、世の中の動きを知ったり、先行きを見通す力をつけたりしていたのです。

図書館が休みの日には、公民館で宿題をしたり、本を読んだりしていました。こう書くと、僕は勉強ばかりしていたようですが、実際そうなのです。遊びに行けばお金がかかる。だったら、勉強するほうがいい。勉強は、お金のかからないヒマつぶしだったのです。

さて、無料のサービスを提供しているのは、図書館や公民館などの公共施設ばかりではありません。

僕は大学時代、デートのときだけではなく、時間があればホテルオークラに行っていました。ロビーに座っていれば、エアコンのきいた空間で、セレブ気分が味わえましたから。

さらに、本館5階にある机の中には、ホテルオークラのロゴマーク入り封筒と便箋《びんせん》が入っていて、無料で持ち帰ることができました。女の子にプレゼントをするときは、安いお店で買って、その封筒に入れてわたすことで、ゴージャス感を演出していたのです。

キミもぜひ、世の中の無料サービスを賢く利用して、お金をかけなくてもゴージャスに生きていく方法を、見つけてください。

学校では教えてくれないお金の話

第5章

教育にも「コスパ」がある

夢を夢で終わらせない

「クリスマスプレゼントに鉄道模型を買ってよ」

「よし、買ってあげよう。ただし、最低でも3軒のお店から、見積もりをもらってきなさい」

「見積もりって何？」

「その商品をいくらで売ります、という書類のことだ」


小学2年生の12月、僕と父は、こんな会話をしました。

わが家のクリスマスプレゼントは、サンタクロースにお願いすれば、翌朝、枕元に置いてあるのではなく、3通の見積書と引き換えだったのです。

この日から、モノをねだるときにはいつも、複数の店の見積もりをそろえ、それがほしい理由を書いて、親を説得しなければなりませんでした。

そのおかげで僕は、ほしいモノを手に入れるにはどうすればいいのか、夢を夢のまま終わらせるのではなく、実現させるためにはどうすればいいのか、常に具体的な方法を考えるようになったのです。

たとえば「飛行機のファーストクラスで世界旅行をしたい」と思ったら、まず、そのためにはいくら必要かを調べました。そして、そのお金を稼ぐためには、弁護士になってこういうことをしたらいいのかもしれない、タレントになってこういうことをしたらいいのかもしれない、作家になればどれくらい本が売れればいいのだろう、などと考えていたのです。

目指せ！　不戦勝人生

テレビっ子だった僕は、「将来は、芸能経済学をやろう」と考えたことがあります。たとえば、「嵐が人気だから、彼らの着ている服が売れた」とか、「韓流《はんりゅう》ブームで、おばちゃんたちが韓国旅行に行き、旅行会社がもうかる」とか、芸能界の動きと連動した経済の話を語れる人になりたいなぁと、考えたのです。

世の中に、そんな人、誰もいませんよね？　それがポイントです。

僕が通っていたのは横浜国立大学教育学部附属横浜小学校というところで、周囲には勉強ができる人がたくさんいました。僕も一生懸命勉強したのですが、1番の子にはかないません。このことから、「国語や算数、理科、社会という、学校が決めた枠で勝負するのは、自分には向いていない」と考えるようになりました。

そんなある日、テレビの大相撲中継を見ていたら、「不戦勝」という文字が映し出されました。さっそく辞書で「不戦勝」の意味を調べた僕は、こう思いました。

「不戦勝っていいよなぁ。戦わずに、懸賞がもらえるんだから。よし、僕の人生も不戦勝を目指そう！」

そして、誰もやらないジャンルを自分でつくれば、戦う相手がいないのだから、不戦勝で生きていけると考えたのです。

今の僕の職業である「流通ジャーナリスト」というのは、僕が考えた肩書きです。会社をやめて独立するとき、世の中にそんな人はいなかったので、世界中で僕一人。これなら誰とも勝負せずに、僕のところに仕事がくるはず。名乗った者勝ちだと考えたのです。

社長になってジャガーを買う！

子どものころ、ジャガーという車がほしくてたまりませんでした。父親に何度もねだったのですが、そのたびに「自動車なんてランニングコスト（消耗品費や維持費など、経営を続けるのに必要になる経費のこと）がかかるものはダメだ！」と、はねつけられました。たとえ、ランニングコストがかからなくても、ジャガーの値段は1千万円以上。普通のサラリーマンの家庭が買えるようなシロモノではなかったのです。

どうしてもあきらめきれなかった僕は、「ジャガーを買う」という夢を実現するためにはどうすればいいのか、その具体策を考えました。そして「一発当てなければ、ジャガーは買えない」という結論にたどりついたのです。

では、何をやって一発当てればいいのか？　当時、小学生だった僕が思いついたプランは、社長になることでした。

では、社長になるにはどうすればいいのか？　そこで僕は、卒業後、社長になっている人の数が多い学校に行けば、自分も社長になれるだろうと思い、さまざまな大学の卒業生について調べてみました。金子少年の調査では、社長の出身大学ベスト4は、東京大学、早稲田大学、慶應義塾大学、日本大学でした。

ただし、日本大学の場合は、親が先代の社長という跡継ぎが多かったので、僕の進学先候補からはずすことにしました。そして、最終的に選んだのは慶應義塾大学。その理由は、この章で少しずつ解説していきます。

プロ野球より競輪だ！

1985年、僕が14歳のときのプロ野球ドラフト1位は、読売ジャイアンツが桑田《くわた》真澄《ますみ》選手、西武ライオンズが清原和博《きよはらかずひろ》選手でした。清原選手の契約金は8000万円と発表されたことを覚えています。

突然ですが、キミはこの清原選手の契約金をすごいと思いますか？

僕は、その金額を聞いた瞬間は、うらやましいと感じました。しかし、プロ野球選手について調べていくうちに、数千万円という契約金も年俸《ねんぽう》も、安いと思うようになったのです。なぜならば、年によっても異なりますが、ドラフト上位で入団した選手のうち、3年後に残っている確率はおよそ3分の1で、半分以上の人が、プロ野球界から姿を消してしまっていたからです。

プロ野球選手や、プロサッカー選手の契約金が高いのは、ズバリ、リスクの高い職業だからです。ケガや病気で選手を続けられなくなれば、その瞬間から収入がなくなるのです。引退後も、タレントや解説者になれる人はほんの一握りにすぎません。この事実から僕は、「プロ野球選手の生涯賃金（就職してから仕事をやめるまでに得る賃金の総計）は意外と安い」と判断したのです。

また、プロ野球選手になるためには、毎日バットを振って、ランニングをして、リトルリーグなどでエリートにならなければなりません。そう考えると、プロ野球選手がうらやましいとか、うらやましくないとかではなく、僕にはそういう努力はできないとも思いました。

では、もしもスポーツ選手になるとしたら、いちばん効率よく稼げるスポーツは何だろう？　これを調べて浮かび上がったのが、競輪選手でした。現役で活躍できる年数が長く、スポーツ選手のなかでも、生涯賃金がバツグンに高いのです。

とはいえ、これはあくまでも「スポーツ選手になるとしたら」という仮定の話です。僕が現実に選んだ進路は、慶應義塾大学への進学でした。なぜなら、漢字を覚えたり、地図を見たりすることは好きだったのですが、運動は得意ではなかったからです。

「競輪選手はもうかるけど、毎日のトレーニングが大変だろうな。それよりも、得意科目の英語と国語を勉強するほうがラク」

僕は、そう思ったのです。

教育費は投資だと考えよう

中学3年生。進路を決める時期になり、僕はまず、高校ではなく、どこの大学に行くかを考えました。候補は先ほど述べた東京大学、早稲田大学、慶應義塾大学です。

そして、「教育費は投資である」という考え方をベースに、進路を決定しました。

投資とは、利益を得る目的で、資金をつぎ込むことです。つまり、高校・大学で支払う教育費が、社会人になったとき、それ以上の価値になって戻ってこなければ、意味がないと思ったのです。

まず、東大について考えました。果たして、東大に行く必要があるのだろうか？

将来、官僚を目指すのであれば、東大に行くのがベストです。しかし、当時の僕には、官僚という仕事は魅力的には思えませんでした。

しかも、東大を目指した場合、授業料の高い塾に通わなければなりません。さらに、現役で合格すればいいのですが、浪人する可能性もあります。浪人すれば、予備校の授業料が発生するだけではなく、社会に出るのが遅れて、1年で300万円、2年で600万円、生涯賃金が減ってしまうのです。

「浪人する可能性を考えると、東大を目指すのは、投資として得ではない」

僕はこう結論を出しました。

残るは早稲田大学と慶應義塾大学ですが、文系学部の授業料が慶應のほうが安いという理由で、慶應へ行こうと決めました。

その後、僕が考えたことは、「いちばんラクに慶應大学へ入学する方法」でした。そして、あれこれ調べて考えて、慶應義塾高校への進学を決めたのです。

私立なので公立よりも授業料は高いのですが、その先の大学進学を考えたとき、よほど成績が悪くない限り、慶應大学への進学が保証されています。そして何よりも、社会に出たときの慶應大学のネームバリューを考えれば、授業料に対するコストパフォーマンス（46ページ参照）がバツグンにいいと判断したのです。

ちなみに、現在の都立高校の授業料は年間12万2400円、入学金は5650円。慶應義塾高校の場合は、入学金34万円と授業料年間74万円に、施設整備費などを加えると合計123万5120円になります。

小学校から大学までにかかる教育費を、公立と私立で比較した表をつくってみました（131ページ）。小学校から大学までにかかる教育費の合計は、すべて公立の場合で約726万円。これに対して、すべて私立の場合の合計は約1887万円。その差は、1千万円以上にもなります。

キミが選ぶ進路は、社会人になったときに、教育費以上の価値になって戻ってくるのかどうか、よく考えてから選んでください。

難関校は教育費がお得

高校生になってもジャガーをほしいと思っていた僕は、社長以外の選択肢も考えてみました。そのとき思いついたのが、医者になることでした。

ただ、理系科目が得意ではなかったので、国立大学や慶應義塾大学の医学部への進学はムリ。そこで、僕の成績でも入れそうな医学部の授業料を調べたところ、なんと、入学初年度だけで1200万円も必要だとわかりました。そのお金があれば、ジャガーを買ってもおつりがきます。

しかも、その大学を出れば医者にはなれるものの、医学界において実績のある学校というわけではありません。結局、医学部へ行くのは賢明《けんめい》な選択ではないと結論し、授業料の安い慶應の文系学部へ進学したのです。

このとき僕は、「教育費は、難関校のほうが安くてお得」ということに気づきました。

● 公立vs.私立〈小学校から大学までの教育費〉

		公立	私立
小学校	年間	307,723円	1,392,740円
	6年間	1,846,338円	8,356,440円
中学校	年間	480,481円	1,236,259円
	3年間	1,441,443円	3,708,777円
高校	年間	516,186円	980,851円
	3年間	1,548,558円	2,942,553円
大学	入学料	282,000円	272,169円
	年間	535,800円	851,621円
	4年間	2,143,200円	3,406,484円
	施設整備費	―	188,356円
小学校～大学14年分の合計		7,261,539円	18,874,779円

小学校～高校は文部科学省が行った平成20年度「子どもの学習費調査」の結果をもとに算出。大学は、同省の「私立大学等の平成21年度入学者に係る学生納付金等調査結果」と平成21年度国立大学の授業料より算出（2011年6月現在）。

僕が調べた私立大医学部は、社会的にあまり評価されないのに授業料が高い。コストパフォーマンスが悪いうえに、投資としても魅力がありません。逆に、東大のように社会的評価が高い大学は、授業料が安い。コストパフォーマンスがよいうえに、投資としてもお得なのです。

国立である東京大学を筆頭に、難関といわれる偏差値《へんさち》の高い大学は、社会的な評価に加えて授業料が安いからこそ、人気が高いのです。

ところで、私立の授業料は、なぜ公立よりも高いのでしょうか？　答えは、国からの助成金が少ないからです。とくに、理系学部の場合は、何千万円、何億円という実験器具もあります。助成金が多いか少ないかで、設備のレベルが違うので、理系学部を目指すのであれば、国立大学をおすすめします。

やりたいことが見つからないうちは、とりあえず勉強！

やりたいことが見つからない、スポーツや芸術など特別な才能がない人は、とりあえず勉強をしなさい！

これが僕から、14歳のキミたちへのメッセージです。

50年前の大学進学率は約1割でしたが、現在では約6割もの人が大学へ行くようになりました。つまり、大学進学はもはや特別なことではなくなり、アドバンテージもなくなったのです。

そのなかで、世の中の人があまり知らない大学に行っても、プラスのメリットはありません。その大学を出たからといって、社会で評価されるわけではないのです。顕著な例は、就職活動。大企業に就職したいと思っても、有名大学以外は入社試験を受けさせてもらえません。それが現実なのです。

これに対して、偏差値の高い有名大学を出れば、就職活動においても、企業に入ってまかされる仕事においても、チャンスがもらえます。受験のとき難関を突破したという評価は、社会に出てもついてまわるのです。

やりたいことが決まっていれば、その道をまっしぐらに進むのもいいでしょう。しかし、まだ何がやりたいのか見つかっていない人は、難関といわれる学校に入れるように、真剣に勉強に取り組んでください。

スポーツ界を目指すにはお金がかかる

もうひとつ、厳しい現実について話しておきます。

スポーツの才能があるからといって、プロや、オリンピック選手になれるチャンスは誰にでも平等というわけではありません。お金のない人は、お金のある人よりもチャンスが少ないのです。

たとえば、誰もが知っているような高校野球の名門校には、事実上、お金持ちしか入れません。入学金や授業料が特別高いという意味ではありません。子どものころから野球専門の家庭教師に教えてもらったり、日本中を遠征する強豪チームに入って、特別なレッスンを受けたような選手でないと、その高校の野球部に入って活躍することはできないということです。

高校野球の名門校に入り、甲子園に出ることは、プロ野球選手への登竜門《とうりゅうもん》。しかし、いま説明したような野球のレッスン代が払えなければ、名門校に入学できる可能性も低くなり、プロになるチャンスも激減するのです。

フィギュアスケートも同じです。コーチ代に加えて、練習のためにはスケートリンクを借り切らなければなりません。オリンピックに出場するような一流選手になるためには、1ヵ月に約250万円、年間3000万円もかかるといわれています。

このように、スポーツ界で名をあげようと思ったら、普通のサラリーマン家庭では支払いきれないほどのお金がかかります。そういった意味で、同じレベルの才能があっても、チャンスは平等ではなくなっているのです。

僕がジャーナリストになったのは、お金がなかったからです。元手がかかっていないので、仕事が来なくてもリスクもゼロですから。

社長になって、ジャガーを買う夢ですか？　自動車を持つことが必ずしもかっこいい時代ではなくなったので、もう、ほしくなくなりました。

時代の流れとともに価値観は変化する

第1章で「お金の価値は変わる」という話をしましたが、お金だけではなく、時代の流れとともに、世の中のさまざまな価値観は変化します。

あれほど憧れていたジャガーですが、世の中の価値観が変わり、あるときから、自動車にお金をかけることがバカバカしくなってしまったのです。

20年くらい前までは、一般の会社員であっても、出世にともなって自動車のランクを上げていくのが普通で、高級車に乗ることは「成功」のシンボルでした。ところが、ハイブリッドカーの誕生により、この風潮は一変しました。それまでは、ハリウッドの映画スターたちは、アカデミー賞の授賞式に大型高級車に乗って登場していたのですが、あるときから環境にいいハイブリッドカーで登場するようになったのです。

このため、「高級車」＝「金持ち」「かっこいい」という価値観はくずれ、「ガソリンを消費しながら、二酸化炭素をまき散らす大型高級車は地球にやさしくない」というイメージが広まりました。つまり、高級車は成功のシンボルではなくなったのです。

さらに、第1章で述べたように、「成功した人」＝「お金持ち」が、その富を自分だけのものにするのではなく、みんなのためにお金を使うことがいいことだ、という価値観が世の中に広まっていき、高級車を乗り回すよりも、お金を回していくほうがかっこいいと思われるようになったのです。

このように、世の中の価値観は変わります。その変化に気づかなかったり、ついていけなかったりすると、経済の流れも読めなくなってしまいます。

中国人のおじさんの教え

小学4年生のとき、社会科見学で商店街の調査をすることになり、横浜中華街へ行きました。そのとき、ある店の前に、メルセデス・ベンツが5台も駐《と》まっているのを発見したのです。

「すごい！　どうすればベンツを5台も買えるお金持ちになれるんだろう？」

僕は、店のおじさんに突撃取材をしました。

「おじさんは、どうやってお金持ちになれたの？」

「人が捨てるモノを売って、もうけたんだ」

おじさんは、数十年前に中国の上海《シャンハイ》から、船で横浜港に着きました。まず、着いたその日に港で木材を拾い集め、小屋をつくりました。次に市場へ行き、野菜のクズと豚肉の骨をもらってきました。そして、骨から肉をそぎ落とし、野菜のクズをきざんでギョウザをつくり、小屋で売り始めたのです。

つまり、元手はタダ。日本に着いたその日から、人が捨てるものを加工して売ることで、ベンツを5台も持つ金持ちになっていったというのです。

僕は、その後もときどきおじさんの店に遊びに行き、いろいろな話を聞きました。

「おじさんは男なのに、どうしてネックレスをしているの？」

「このネックレスは、金でできているんだ。ネックレスは、いつでも身につけておくことができるからね」

おじさんの母国である中国は、日本と違って、いつ国の体制が変わるかわからない。稼いだお金を貯蓄したり、土地を買ったりしても、政府に没収されてしまう可能性もある。また、政治体制が変われば、お金そのものの価値がなくなってしまうかもしれない。だから、お金を稼いだら、世界中で価値を認められている金を買い、いざというとき、どこへでも持っていけるように、ネックレスにして身につけているというのです。

教育ほどすばらしい財産はない

金のネックレスをしている理由を説明してくれたおじさんは、僕にこんな質問をしました。

「金以外にもうひとつ、いつでも、どこにでも持っていける財産がある。それは何だと思う?」

さて、キミは何だと思いますか?

答えは「教育」です。

稼いだお金で、新型の自動車や電気製品を買ったとしましょう。ところが、新しい製品が出れば、それらの価値は下がってしまいます。でも、教育によって身につけた、知識や教養の価値が下がることはありません。そして、金のネックレスと同じように、国境を超えて、世界中のどこへでも持っていけます。

「どうだい、教育ほどすばらしい財産はないだろう。しかも、税金もかからない」

こう話してくれたおじさんの顔を、30年経った今でも、僕ははっきり覚えています。これはおじさんだけの、特別な考え方ではなく、多くの中国人が同じように考えています。だから、中国の人は、教育にお金を惜しまないのです。

さまざまな企業が国境を超えて、事業を展開するようになった現代、キミたちのライバルは中国人なのかもしれません。

釣り糸をたらすなら、魚のいるところ

同じ努力をするのであれば、先進国で経済成長率の低い国よりも、発展途上国でも

経済成長率の高い国で努力したほうがお得です。ここでいう「お得」とは、同じ努力で収入が増えるという意味です。

経済成長率が高ければ、「市場」が拡大する可能性も高くなります。市場とは、モノを買いたい人の数です。たとえば、現在の中国では自動車を持っている人が少ないのですが、見方を変えれば、車を買いたい人の数が多いということ。そして、中国は経済成長率が高いのですが、日本は低い。つまり、日本よりも中国のほうが、市場が拡大する可能性が高いのです。

しかも、日本の人口約1億3000万人に対し、中国は約13億人。単純に考えても、中国のほうが大きな市場といえるのです。

たとえば、自動車のテレビコマーシャルを流すとしましょう。日本人全員がこのコマーシャルを見ても1億3000万人ですが、同じ自動車のコマーシャルを中国で流せば、一気に10倍の人に伝わります。そのぶん、売れる可能性もアップするということは、カンタンにわかります。

魚のいないところで釣り糸をたらしても釣れませんが、魚のいるところで釣り糸をたらせば釣れますよね？　日本は経済成長率が低く、もはや魚のいないところになってしまいました。これに対し、中国やインドは経済成長率が高いうえに、両国の人口を合わせれば世界人口の約4割を占めている大きな市場です。それらの国には、まだまだたくさんの魚がいるのです。

ただし、中国で仕事をするのであれば中国語、インドで仕事をするのであれば英語ができることが必須条件です。魚のいるところに釣り糸をたらしたいのであれば、中国語、英語を学んでください。

世界の市場で仕事をしよう

2011年3月11日、東日本大震災が発生し、東北から関東にかけて、甚大《じんだい》な被害をもたらしました。被災地域にあった企業は、操業を再開したところもありますが、政府や自治体の復興策も定まっていないため、地域全体がどのような形で立ち直っていくのか、まだまだわからないのが現状です。

この震災は、関東・東北だけではなく、日本の企業全体に、大きな影響をおよぼしました。

「日本の企業」といっても、株主には外国人がたくさんいます。企業の所有者が外国人になってきているということです。そして、外国人株主のなかには、「地震のない国に、会社を移転させろ」といっている人が少なくないのです。

株主の意見は、会社の方向性を大きく左右します。もし、多くの企業が海外に本社や工場を移転させた場合、英語や中国語を身につけていなければ、その会社では働けませんし、キミたちのようにこれから就職をする人たちは、職業選択の幅が非常に狭くなってしまいます。幅が狭くても選択肢があればまだいいのですが、雇用がないという可能性も否定できません。試験のためでなく、生きていくために、英語や中国語を身につける時代になったのです。

第1章のはじめに、CDプレーヤーが値下がりした事件を紹介しました（14ページ）。僕がその経験から学んだのは、「ほしいモノを買うためにお金を貯めるよりも、その時代に応じたお金を得る能力を身につけることが大事である」ということ。

教育を受けるのは、社会がどんなに変化しても、その社会で生き抜く力、稼ぐ力をつけるためです。世界の市場で通用する語学を身につけていれば、選択肢が広がり、自分の好きな国で仕事をする未来が拓《ひら》けるはずです。

学校では教えてくれないお金の話

第6章

世の中でいちばんもうかる仕事は？

サラリーマンは、どれくらい稼げる？

14歳であれば、ぼんやりとでもいいので、将来について考え始めていい年齢だと思います。というよりも、14歳にもなって将来のことを何も考えていないようでは、世の中の流れにとり残されてしまいますので、少しは将来について考えるべきです。

世の中にはさまざまな職業がありますが、現在、日本でいちばん多いのはサラリーマンです。では、サラリーマンは一生にどれくらい稼げるのでしょうか？

大学・大学院卒の場合で、男性が約2億9000万円、女性が約2億5000万円（2007年度。労働政策研究・研修機構ユースフル労働統計より）。学歴が高いほど、企業規模が大きいほど、サラリーマンの生涯賃金は高いという傾向があります。

では、サラリーマンはほかの職業より、もうけているのでしょうか？　もうけていないのでしょうか？　サラリーマンには定年がありますが、定年のない職業もあれば、プロスポーツ選手のように現役時代が短い職業もありますから、生涯賃金で比較することはできません。ですので、平均年収で比較してみましょう。

業種や企業規模、また学歴によって大きな差がありますが、サラリーマンの平均年収は436万円（2006年度）。同じ年の総理大臣の年収は4165万円、プロ野球選手の平均年収は5530万円でした。

ただし、一般に、サラリーマンは大学卒業から定年まで約40年勤めますが、総理大臣もプロ野球選手も、40年も続けることはできませんから、そのことをお忘れなく。

総理大臣の年収は高い？ 安い？

前節で紹介したように、総理大臣の年収はサラリーマンの約10倍。キミは、これを高いと思いますか？ 安いと思いますか？

僕は安いと思います。本来、総理大臣は日本のリーダーとして、国の方向性を決める重大な意思決定をし、その責任を負うのが仕事です。

たとえば、原子力政策（原子力エネルギーに対する政府の方針）をどうするべきなのか。現在だけではなく、未来の国民にまで影響す

● 職業別平均年収

職業	年収
サラリーマン	436万円
内閣総理大臣	4,165万円
アメリカ大統領	4,700万円
ロシア大統領	670万円
医師	1,159万円
歯科医師	737万円
弁護士	801万円
プロ野球選手	5,530万円
Jリーガー	1,610万円
フリーター	106万円

出典：国税庁「民間給与実態統計調査」、厚生労働省「賃金構造基本統計調査」、年収ラボなどより概算（2006年現在）。

ることを決断しなければならない。その責任を負っていると考えれば、安いと思うのです。

しかし、歴代総理大臣がみんなそうだったかというと、疑問が残ります。未来への責任を負わないまま、総理大臣として4000万円もらっているとしたら、それは給料泥棒に等しいといえます。

では、ほかの国のリーダーは、いくらもらっているのでしょう?

アメリカの大統領は4700万円、ロシアの大統領は670万円、イギリスの首相は約4000万円というデータがあります。ただし、アメリカのクリントン元大統領が講演すると、そのギャラは1回1000万~2000万円。また、2007年にイギリスのブレア元首相が中国で講演したときは、20分間で50万ドル(5600万円)のギャラだったと伝えられています。ロシアの大統領の年収が安いのは、近年まで社会主義国家だったため、国民と平等という意味があるようです。

コンビニよりも増えてしまった歯医者

僕が高校時代にちょっとだけ目指した、医者の平均年収は1159万円です。

以前は、医学部卒業後の研修医の期間は無給だったので、30歳くらいまで親に扶養してもらえるお金持ちしか医者になれないといわれていました。しかし、それはよくないということで、現在では研修医も300万〜400万円もらえるようになっています。そして、大学病院に勤務した場合、20〜30代前半で300万〜600万円、教授になれば1500万円前後の年収があります。

開業医の場合は、その病院の経営状態によって差がありますが、約2000万〜3000万円です。ただし、開業するときは、病院を建て、医療器具を購入しなければならないので、初期投資に億単位のお金がかかっていることもめずらしくありません。その場合、たとえ3000万円稼いでいても、半分くらいはローンの支払いに消えている可能性もあります。

さて、同じ医療業界でも、歯科医師の平均年収は737万円です。なぜこんなにも違うのでしょうか？　以前は「歯科医師はもうかる！」といわれ、とても人気の高い職業でした。ところが、あまりに増えすぎて、今ではコンビニの数よりも歯医者さんのほうが多くなり、患者さんが分散してしまい、もうからない職業になってしまったのです。

ちなみに、歯科医師の時給は約3000円。キャバクラ嬢の時給と同じですが、キヤバクラ嬢は働ける寿命が短く、指名がなければ収入もなくなる仕事です。

弁護士の収入は少ない？

弁護士の平均年収は801万円です。以前はもっと高かったのですが、最近になって減ってしまいました。

日本は、アメリカと比べて弁護士が少ないといわれ続けてきました。アメリカは多民族国家です。習慣や考え方の違う人々がひとつの国に集まって暮らすのですから、さまざまなトラブルが起こります。このため訴訟《そしょう》が多く、弁護士の需要もあります。

一方、日本はほとんど同一民族といってよい国家です。そのため隣人とトラブルがあっても基本的に話し合いであいまいに処理することが多かったので、それほど弁護士の需要がなかったのです。

ところが、このままでは国際社会では通用しないだろうと、日本政府は2004年に法科大学院（裁判官、検察官、弁護士など、法律に関する仕事をする人の養成を目的としてつくられた、大学法学部の大学院）という制度をつくり、弁護士を大量生産しました。しかし、習慣や風習は急に変わるものではありません。トラブルが起こっても、相変わらず話し合いで処理してしまうので、弁護士は増えたものの、その需要は増えない。このため、弁護士の収入は下がっているのが現状です。

大企業も安泰《あんたい》の時代ではない

さて、サラリーマンになるとしたら、大企業と中小企業では、どちらが幸せなのでしょうか？　僕は、どちらもそれなりに幸せだと思います。中小企業でリーダーシップをとって、会社をもっと大きくしようと張り切って働けば、充実感が味わえるでしょう。一方、大企業に就職したものの、ライバルが多くて出世できなかった。それでも定年まで勤め上げることができれば、それはそれで幸せだと思うのです。

ただ、大企業でしかできない仕事があることも知っておいてください。たとえば砂糖の先物《さきもの》取引では、10億単位のお金を動かします。規模の小さい会社では、一人の社員が10億も20億も動かすような仕事はほとんどありません。

特別な才能がなく、就職活動をするときになってもやりたいことが決まっていない人は、大企業に入ることをすすめます。いろいろ自分で考えるよりも、大きな会社で上司からいわれた仕事をこなすほうがラクですから。

ただし、大企業に入ってしまえば、人生は安泰になるのかというと、そうではありません。僕は大学卒業後、石油会社に入り、23歳のときに退職してフリーランスになりました。数年前、その石油会社は合併《がっぺい》して、大幅なリストラをしている最中です。石油会社だけではありません。昔は銀行が倒産するなんて、日本ではありえない話でしたが、今ではめずらしくなくなっています。

テレビCMで世の中の動きを読め！

大企業も安泰ではなくなった現代、仕事を選ぶときは、世の中の流れをしっかりと、しかも素早くつかんでおく必要があります。

そのためには、テレビを見てください。ぼんやり見ているだけでは意味がありません。テレビコマーシャルを意識するのです。意識して見れば、コマーシャルをたくさん流している企業は伸びる、成長するということがわかるはずです。

そして、「なぜ、この会社はコマーシャルを流しているのか?」「なぜ、この会社はコマーシャルを放送できるくらいもうかっているのか?」「なぜ、消費者はその商品を買うのか?」と、常に「なぜ?」を3つ考えてください。ひとつではダメ。3つつなげて考えることで「氷山の下の部分」が見えてくるのです。

今、見えている世の中の現象は、氷山の一角にすぎません。水面下に隠《かく》れた、その下の部分を見ることで、これから先、世の中がどう変化していくのか、その流れがつかめるのです。

フリーターやるなら20代まで

フリーターの平均年収は106万円。これはサラリーマンの平均年収の4分の1。しかも、社会保障がなく、不安定なため、一般には否定的に見られています。

しかし、僕はフリーター擁護《ようご》論者。決して悪いとは思いません。

ただし、仕事には2種類あります。ひとつは、その人でなければできない仕事。もうひとつは、専門的な技術や特別な能力を持っていなくても、誰でもできる労力としての仕事です。そして、フリーターの仕事は、誰でもできる労力であることが多いということを知っておいてください。

日本では、勤続年数が長くなればなるほど賃金がアップする習慣があります。このため、同じ仕事をできる若い人を雇ったほうが、会社は得。誰でもできる仕事をしている人は、年齢が上がるとリストラされる可能性が高くなります。

先ほど「僕はフリーター擁護論者だ」と述べましたが、あくまで若いときだけ。10代、20代で、自分のやりたいことを見つけるためにフリーターをするのはかまいません。しかし、フリーターは20代まで。リストラされて収入がなくなれば、生きていけないのですから。

特別な知識や技術を持っている、専門的なフリーターであれば、年齢に関係なくいつまでやっても大丈夫です。そのような場合はフリーターではなく、フリーランスといいます。組織に縛られず、自分一人で好きなことをしながら稼ぎたいと思っている人は、20代のうちにフリーターをしながら、フリーランスになるための勉強をするのもいいかもしれません。

好きな仕事がもうかる仕事

「もうかる」の価値観は、人によって違います。

「もうかる」＝「収入が多い」と考える人もいるでしょうが、僕はそう思いません。

僕にとって「もうかる」とは、「好きなこと、楽しいことをしながらお金をもらえること」なのです。

大企業に勤めて給料をたくさんもらっていれば、世間から「あの人はもうかっている」と評価され、本人も「自分はもうけている」と思っているかもしれません。でも、会社の人間関係で胃潰瘍《いかいよう》になったら？　それでも毎日、満員電車で会社に通わなければならないとしたら？　多くの大人はこういうでしょう。

「仕事なんだから、しかたない」

僕にいわせれば、「仕事をしている気で、仕事をしている」のは、もうからない仕事です。仕事だと思えば、対価がほしくなります。そして、少しきついことがあると、「割に合わない」＝「もうかっていない」と思ってしまうのです。

でも、仕事だとは思わずに、好きで楽しいことをやってお金をもらえたら、「もうかった」と思いますよね？

野球選手は、みんな野球が好きです。俳優さんや女優さんは、みんな演じることが好きです。そういう好きなことで収入があれば、金額の高い・低いにかかわらず、もうかる仕事だと僕は思うのです。

僕は、幸福にも好きなことを仕事にできました。好きなこととは、「買い物」です。ただほしいモノを買うのではなく、同じ商品を少しでも安くゲットできたときの喜びは、何ものにも勝ります。その喜びを、世の中の一人でも多くの人に知ってほしい。そう思って流通ジャーナリストになり、テレビやラジオ、雑誌などでさまざまな情報を伝えているのです。

キミも勉強しながら見聞《けんぶん》を広め、友だちとたくさん交流しながらいろいろな情報を交換し、自分の好きなこと、やりたいこと、生涯夢中になれることを、ぜひ、見つけてください。

お金は「使う」もの

僕はいつも、テレビや雑誌で節約の話をしたり、買い物のお得な情報を伝えたりしていますが、単にお金を貯めようといっているわけではありません。

やりたいことが見つかった。そのためにはいくら必要だ。そうなったときにはじめて、お金を稼いだり、貯めたりすることが必要になるのであって、お金を稼ぐこと、お金を貯めること自体は、目的になりません。

たとえば、「アフリカの貧困を何とかしたい」という目的が見つかったとします。そのためには国連職員になれば、活動しやすいということがわかりました。では、国連職員になるために何をしたらいいのか。大学で専門知識を学んだり、語学を身につけたりしなければならない。この時点で、大学や語学学校の授業料が必要になります。

このように、何かをしたいという目的ができたとき、お金が必要になる。お金とは、目的のために使うものなのです。

生きていくとは、世の中の一員になることです。

世の中の一員として、どんな仕事をするのか？　やりたいことは何なのか？

キミ自身の目的を見つけて、お金を有効に使ってください。

おわりに――お金を回せる大人になろう

立派な人とは、どんな人なのでしょうか？　キミたちにも何となくイメージする人がいるかもしれません。

僕は、「お金を回して、広く、多くの人にお金を分配できる人」が立派な人だと思います。

経済が活性化し、世の中の景気がよくなり、みんながハッピーになるためにいちばん大事なことは、一人ひとりが一生懸命働いて、一生懸命お金を使って、また一生懸命働いてという流れがつくられることなのです。

かといって、1円も貯金せずに、全部使ってしまってはダメ。何かが起こったときのため、それなりの貯金は必要です。また、病気やケガなどで働けなくなったときのことを考えれば、保険に入る必要もあります。

つまり、人生においては支出と貯蓄のバランスが大事だということです。

「はじめに」で述べましたが、14歳のキミたちがこれからの人生で、どれくらいお金が必要かを考えれば、そのバランスがわかるはず。それが、金銭感覚というものです。

キミたちもぜひ、バランスのよい金銭感覚を身につけ、お金を回せる人になってください。

また、金銭感覚と同時に、人と人とのつながりも大切にしてください。

本書を執筆するにあたって、ボクも本当にたくさんの方々にご協力いただきました。井下優子さん、ケイ・ライターズクラブの竹沢大樹さん、そして人生の岐路でいつも的確なアドバイスをくださる還暦少年団団長の藤井次郎先生。この方々なしでは、本書は生まれませんでした。この場を借りてお礼を申し上げます。

人生は、人と人のつながりで大きく道が拓けてきます。キミたちも夢を実現するために、すでに知っている人や、これから出会う人たちとの縁を大切にしてください。そうすれば、きっと素敵な人生になるはずです。

解説

おおたわ史絵

「奥さん！　今まさにコレ、これがお得なんです！」

舌足らずな独特の喋り口調と大きなジェスチャーでテレビの向こうから語りかけてくるおもしろいおじさん。それが金子哲雄さんのイメージだろう。

とにかく得する話、おいしい話を教えてくれる人だと思っていたキミ。この本もそういうお得マニュアル本だと考えて手に取ったキミ。

それはね……大きな間違いさ！

だってこの本は、じつは哲学書なんだから。お金という道具をたとえ話に使った、人の生き方の本なんだよ。

まずそれは、書き出しの一文からすでに始まっている。

『金銭感覚とは、先を見通す力。これから先の人生を生きていくために、どれくらいのお金が必要かを把握しておく能力です。』

お金について、こんな風に定義してくれる大人って、そうたくさんいるものではない。この一言から、彼がどれだけ真剣にお金と向き合ってきたのかが、なんとなく伝わるんじゃないかな。

　みなさんはお金持ちになりたいと思う？　もし答えがYESなら、それはどうして？

「ラクしていい暮らしがしたいから」

とか
「人より良いモノを持って、優越感に浸りたいから」

なんて答えたら、金子さんに笑われちゃうよ。

だって彼にとってお金持ちとは「お金を回せる人」を指しているのだから。

『僕は「持っている」だけでは、お金持ちだとは思いません。桁違いの資産であっても、ただ持っているだけでは、お金の亡者にすぎません。』

　この文章からわかるように、金子さんは一貫して活きたお金の価値というものを説いている。活きたお金が回れば、みんながハッピーになる、そういう思考の持ち主だったんだよ。つまりお金持ちはみんなを幸せにできるパワーを持っていて、そしてまたみんなを幸せにする義務があるという考え。どう？　これはもう立派な哲学でしょう？

　彼はお金持ちになるための方法についても、いくつも教えてくれている。

そのひとつの方法が、『友だちはお金にも勝る財産』だと思え、ということ。たとえば自分ひとりでは解決できない問題に出くわしたとしよう。そんなときでもキミに、自分と違う得意分野を持っている友だちさえいれば一緒に協力して切り抜けられる、と彼は言う。

この教えのとおり、金子さんは人間関係をとても大切にする人だった。テレビ局で会っても、いつも驚くほど腰が低くて、いつもにこやかに笑っていた。だから、また彼と協力して仕事がしたいと感じるスタッフは数多く、その結果、彼はたくさんの仕事をするようになっていったんだ。

そしてもうひとつの方法が『とりあえず勉強をしなさい！』というもの。

「なぁ〜んだ、そんな当たりまえの話か。つまんないの〜」

と早合点してはいけないよ。ここでいう勉強とは、良い大学に入るためでも良い会社に就職するためでもないんだから。

教育は一度身につけたら死ぬまで自分から離れることはない。世界じゅうのどこへでも持って行けて、そして万国共通の価値がある。もしかしたらキミはいつか、世界に視野を拡げてチャレンジする日が来るかもしれない。見知らぬ国で仕事をし、暮らすことになるかもしれない。そのときにキミを助けてくれるのが教育だ、っていう意味。

　何かをしようと思いついたときに、教育が足りないがためにそれに手が届かないのは、すごくもったいないことなんだ。

　そして彼はこんなことも言っている。

『やりたいことが見つからない、スポーツや芸術など特別な才能がない人は、とりあえず勉強をしなさい！』

　いやいや、またもや耳の痛い話だろうけど、まあもう少しお聞きなさいな。

　運動神経やアートの能力が並はずれていれば、それを最大限に引き伸ばすのも一案なわけだけど、オリンピックでメダルを取ったり、なんらかの賞を受けたりできるのは、ほんのひとにぎりの天才だけ。それに輪をかけて、その才能を磨くために投資する時間と労力とお金の額はとてつもなく膨大なものになる。

　だからもし今の自分にそういう条件が備わっていないのならば、腹をくってとりあえず勉強をしときなさい、ということなんだね。

　事実、彼自身もこう語っている。

『僕がジャーナリストになったのは、お金がなかったからです。元手がかかっていないので、仕事が来なくてもリスクもゼロですから。』

私もこの意見にはおおいに賛成。私は
「自分は頭が悪いから、どうせバカだし、何をやったってムダだよ」

という人が大嫌いだ。そんなのは、何もしない自分への言い訳にしか聞こえないよ。私の職業は医師。でも、もとから医師としての才能を持って生まれたわけでもなんでもない。もっと言えばその逆で、何の能力も持っていなかった。今だから話すけど、子供の頃の私はといえば、デブでブスで引っ込み思案で暗くてね、本当に冴えないしょうもない娘だった。キミのクラスにもひとりくらい、いるでしょう？　そういう女子。

でも、だからこそ勉強をした。他にできそうなことが何もなかったからさ。

もっと可愛かったら美貌を武器に生きるチャンスがあったかもしれない。運動ができたら、その道もあったろう。でも、私には何もなかったんだ。ないならないで、どうにかして生きていく道を自分で探さなきゃいけない。そのために教育が役に立った。医師になれたうえ、本を書いたりテレビに出たりするようにまでなった。私がテレビに出られているのは、見ておわかりのようにキレイだからではない。ただ、人よりちょっとだけいろんな事に興味を持って学んできたからなんだ。

「やりたいことが見つからない」

最近はこう悩んでいる子が多いみたいだね。それに対して周りの大人たちも
「やりたいことが見つかれば幸せだ。だから何かやりたいことを見つけてがんばれ！」

てなエールを贈るよね。

でもこんなの、嘘っぱち。

現実には、やりたいことが見つけられる人なんて少数派だよ。そしてそれを仕事にして食べていけるようになるのは、ほんの一部分の成功者だけ。

だからあえて私は言おう。

「やりたいこと探しなんか、やめてしまえ」

とね。

第一ね、探さなきゃみつからないようなものは、本当にやりたいことでもなんでもないよ。気づいたらやりたくてやりたくて止められなくなっていた、っていうのが本当のやりたいことなんじゃないか？

だからこそ、そんなお宝に出会えるチャンスは、どう考えたって少ないってわかるでしょう？

こう書くと、若者の夢や希望を打ち砕いてくれるな！　と世の大人たちから非難《ひなん》

轟々《ごうごう》だろうけど、ちょっと待ってよ。まだ続きがある。

　あのね、もしキミがこの先〝やりたいこと〟が見つけられなかったとする。だとしても〝やれること〟は見つけられるはずなんだ。

　非凡な才能を持って生まれていなくても、誰にだってできることのひとつくらいはある。それを一生懸命に真剣にやっていけば、必ず生きていける。そうするうちに、おのずとそれが誰かの役に立つようになるんだ。

　だから、何かをできるようになるために、勉強をしておきなさい。今はイヤイヤだっていい、私だってそうだった。とにかく、今やっておくんだよ。きっといつか、それがキミを助けてくれるはずだからね。


「年収600万円でも、1000万円と同じだけの充実した暮らしを約束します」

　これは、金子さんが奥様にプロポーズしたときのセリフ。彼らしいね。お金のプロでありながら、お金以上の幸せの形を熟知していたっていうのが、彼のすごいところだよね。

　こんな人だから、彼がみんなに伝えたかったことはまだまだたくさんあったと思う。

　でも残念なことに、キミがこの本を手に取ってくれている今日、この世界に彼はもういない。41歳という若さにして天国へと逝《い》ってしまったからね。

悲しいけれど、もう二度と彼の生《なま》のメッセージを聞くことはできない。

でも、だからこそ、この本のそこかしこにちりばめられている彼の哲学を、どうか感じ取ってほしいと切に願う。

最後にこの場をお借りして、著者である金子哲雄氏に私からのメッセージを。

「お金持ちとは、生きている間に活きたお金をいっぱい回して、みんなを幸せにする人だ」ってあなたは言っていたね。でもね、私はひとつだけ違ってると思うんだ。

本当のお金持ちっていうのは、生きている間だけでなく、亡くなった後にでもなお、活きたお金を回すことができる人。そして誰かを幸せにできる人のことなんじゃないかな。

こうやって、あなたみたいに……ね。

天国の金子哲雄さんに、文庫化のお祝いとたくさんの感謝を申し上げます。

おめでとう、ありがとう。

（おおたわ・ふみえ／内科医・作家）

本書は２０１１年７月に刊行された『学校では教えてくれないお金の話』（14歳の世渡り術シリーズ）を文庫化したものです。

学校《がっこう》では教《おし》えてくれない
お金《かね》の話《はなし》

二〇一三年 九 月一〇日 初版印刷
二〇一三年 九 月二〇日 初版発行

著 者 金子《かねこ》哲雄《てつお》
発行者 小野寺優
発行所 株式会社河出書房新社
〒一五一－〇〇五一
東京都渋谷区千駄ヶ谷二－三二－二
電話〇三－三四〇四－八六一一（編集）
〇三－三四〇四－一二〇一（営業）
http://www.kawade.co.jp/

ロゴ・表紙デザイン 粟津潔
本文フォーマット 佐々木暁
本文組版 KAWADE DTP WORKS
印刷・製本 中央精版印刷株式会社

Printed in Japan ISBN978-4-309-41247-4

やさしいため息

青山七恵　41078-4

四年ぶりに再会した弟が綴るのは、嘘と事実が入り交じった私の観察日記。ベストセラー『ひとり日和』で芥川賞を受賞した著者が描く、ＯＬのやさしい孤独。磯﨑憲一郎氏との特別対談収録。

野ブタ。をプロデュース

白岩玄　40927-6

舞台は教室。プロデューサーは俺。イジメられっ子は、人気者になれるのか?!　テレビドラマでも話題になった、あの学校青春小説を文庫化。六十八万部の大ベストセラーの第四十一回文藝賞受賞作。

夏休み

中村航　40801-9

吉田くんの家出がきっかけで訪れた二組のカップルの危機。僕らのひと夏の旅が辿り着いた場所は――キュートで爽やか、じんわり心にしみる物語。『100回泣くこと』の著者による超人気作。

銃

中村文則　41166-8

昨日、私は拳銃を拾った。これ程美しいものを、他に知らない――いま最も注目されている作家・中村文則のデビュー作が装いも新たについに河出文庫で登場！　単行本未収録小説「火」も併録。

走ル

羽田圭介　41047-0

授業をさぼってなんとなく自転車で北へ走りはじめ、福島、山形、秋田、青森へ……友人や学校、つきあい始めた彼女にも伝えそびれたまま旅は続く。二十一世紀日本版『オン・ザ・ロード』と激賞された話題作！

人のセックスを笑うな

山崎ナオコーラ　40814-9

十九歳のオレと三十九歳のユリ。恋とも愛ともつかぬいとしさが、オレを駆り立てた――「思わず嫉妬したくなる程の才能」と選考委員に絶賛された、せつなさ百パーセントの恋愛小説。第四十一回文藝賞受賞作。映画化。